Hinweis:
Die beim Autogenen Training verwendeten Techniken basieren auf psychologischen und medizinischen Erkenntnissen. Diese Erkenntnisse wurden wirksam in sogenannte autogene Formeln eingearbeitet, um gezielt auf körperliche und psychische Funktionen Einfluß zu nehmen. Dies sind in der Regel ungefährliche Maßnahmen, sie dienen der Erholung und Regeneration. Da sich die Psychologie und die Medizin ständig weiterentwickeln, verändern sich im Lauf der Zeit auch die Diagnosen und Anwendungen. Dieser Ratgeber wurde nach dem derzeit neuesten Stand von Wissenschaft und Forschung erstellt. Trotzdem soll der Hinweis nicht fehlen, daß aus den genannten Gründen weder Autor noch Verlag eine Haftung für die medizinische und psychologische Richtigkeit sowie den Erfolg dieses Verfahrens übernehmen können. Wenn Sie sich in ärztlicher Behandlung befinden oder wenn Sie sich krank fühlen, müssen Sie in jedem Fall zunächst mit Ihrem Arzt sprechen, bevor Sie das Autogene Training erlernen.

Auch wenn das Autogene Training in Kombination mit medizinischen Verfahren oder im Rahmen einer Psychotherapie angewandt wird, muß die Anwendung in Absprache mit dem behandelnden Arzt oder Psychotherapeuten erfolgen.

Eberhard Grünzinger

ENTSPANNUNG DURCH AUTOGENES TRAINING

Ein praktisches Handbuch zum Erlernen der Übungen

Originalausgabe

WILHELM HEYNE VERLAG
MÜNCHEN

HEYNE RATGEBER
08/5283

Umwelthinweis:
Dieses Buch wurde auf
chlor- und säurefreiem Papier gedruckt.

http://www.heyne.de
Printed in Germany 1999
Konzeption und Realisation: Christine Proske
(Ariadne Buchkonzeption, München)
Redaktion: Cornelia Rüping
Umschlaggestaltung: Atelier Bachmann & Seidel, Reischach
Umschlagabbildung: Elmar Kohn, Studio für Werbefotografie, Landshut
Grafiken: Design-Studio Fleischer, München
Satz: Pinkuin Satz und Datentechnik, Berlin
Druck und Bindung: Ebner Ulm

ISBN 3-453-15457-6

Inhalt

Einführung 9

I. Leben zwischen Spannung und Ent-Spannung . 12

1. Das menschliche Nervensystem 14
2. Streßtypen 18
3. Angriff oder Flucht – Streßantworten im Wandel 22
4. Positiver und negativer Streß 24
5. Wie Sie Alltagsbelastungen erkennen und vorbeugen 30
6. Streßbewältigungsstrategien 43
7. Anpassungsleistung an Lebensereignisse: ein Fragebogen 50

II. Allgemeines zum Autogenen Training 56

1. Geschichte des Autogenen Trainings 56
2. Für wen ist das Autogene Training gedacht? 59
3. Wer finanziert das Autogene Training? 61
4. Ziele des Autogenen Trainings 62

III. Die Wirkungsweisen des Autogenen Trainings 65

1. Grundlagen 65
2. Körperliche Reaktionen 76
3. Psychische Reaktionen 83
4. Psychosomatik und Autogenes Training 87
5. Therapeutische Aspekte des Autogenen Trainings ... 88

IV. Die praktische Anwendung 92
1. So erlernen Sie das Autogene Training 94
2. Welche Körperhaltung ist empfehlenswert? 95
3. Üben – alleine oder in der Gruppe? 98
4. Übungsleiter 99
5. Trainingsdauer und -ablauf 100

V. Die Unterstufe des Autogenen Trainings 102
1. Überblick über die Unterstufe 103
2. Standardformeln 106
3. Autogene Modifikation 114
4. Rücknahme 119
5. Übungsprotokoll 121
6. Startprogramm 124
7. Leitfaden für die gesamte Unterstufe 130

VI. Die Oberstufe des Autogenen Trainings 134
1. Grundlagen 134
2. Übungen 138

VII. Autogenes Training mit Kindern 145

VIII. Begleiterscheinungen und Gegenanzeigen 151
1. Mögliche Störungen während des Autogenen Trainings 151
2. Kontraindikationen 159

IX. Andere Entspannungsverfahren 168
1. Progressive Muskelentspannung 170
2. Meditative, imaginative Verfahren 173
3. Biofeedback 174

X. Anhang 175

Vordruck: Übungsprotokoll 175

Adressenverzeichnis 176

Weiterführende Literatur 177

Abbildungsverzeichnis 178

Stichwortregister 179

»Gönne dir einen Augenblick der Ruhe,
und du merkst,
wie sinnlos du herumgehastet bist.«

Laotse

EINFÜHRUNG

Für Frau Stark ist die Welt nicht mehr in Ordnung. Bisher dachte sie, daß sie ihr Leben fest im Griff hätte, aber seit geraumer Zeit muß sie feststellen, daß ihr verschiedene Dinge entgleiten. Sollte sie nicht stolz darauf sein, daß sie es trotz der anstrengenden und zeitintensiven Erziehung ihrer Kinder schafft, weiterhin zur Arbeit zu gehen? War sie bisher nicht verschont geblieben von Krankheiten und kleinen Wehwehchen? Doch seit ungefähr drei Monaten ist alles anders.

Frau Stark fühlt sich zunehmend müde und gereizt. Nachts, wenn sie im Bett liegt, kreisen ihre Gedanken um die Arbeit, sie kann deshalb nur schlecht einschlafen. Da sie weiß, wie wichtig der Schlaf zur Zeit für sie ist, ärgert sie sich um so mehr über diese Beschwerden. Früher kannte sie so etwas nicht; nun fühlt sie sich allein gelassen mit ihren Sorgen. Frau Stark wehrt sich dagegen, immer gleich nach Medikamenten zu greifen, aber wenn sie nicht bald das Problem in den Griff bekommt, muß sie vielleicht doch ein Schlafmittel nehmen. Zudem hat sie immer das Gefühl, nicht abschalten zu können, neuerdings auch tagsüber. Sie verspätet sich schon morgens, wenn sie zur Arbeit geht, vergißt Dinge und wird immer fahriger. Auch die Kinder scheinen belastender zu sein als früher.

In ihrer Not wendet sie sich an ihren Hausarzt. Der hat glücklicherweise Zeit, hört ihr lange zu und untersucht sie gründlich. Als er keine organischen Ursachen für die Veränderungen feststellen kann, spricht er mit ihr über ihre häusliche Situation, ihren Beruf und ihre Überlastung. Nun bricht es aus Frau Stark heraus; unter Tränen gesteht sie sich ein, was sie seit längerem schon ahnt: Sie hat sich völlig verausgabt, und es ist zu befürchten, daß sie ernsthaft krank wird, wenn sie nicht bald etwas ändert. Aber wie? Am Ende des Gesprächs empfiehlt ihr der Arzt, sie solle mit ihrem Mann besprechen, welche Belastungen sofort verringert werden können. Zusätzlich soll sie einen Kurs für Autogenes Training besuchen. Das würde ihr helfen, wieder abschalten zu können, leichter einzuschlafen und insgesamt wieder zu mehr Ruhe und Ausgeglichenheit zu gelangen. Er gibt ihr Adressen von Übungsgruppen, die sich ganz in ihrer Nähe befinden. Zu Hause bespricht sie alles mit ihrem Mann, und einige Erleichterungen deuten sich bereits an. Aber das mit dem Autogenen Training? Sie weiß nicht so recht, was sie davon halten soll. Abschalten, leichter schlafen, Ruhe und Ausgeglichenheit – ob ihr Hausarzt da nicht etwas übertrieben hat? Frau Stark will sich lieber selbst ein Bild davon machen. Könnte das Autogene Training auch ihrem Mann bei seinen Rückenschmerzen helfen? Was vermag das Autogene Training darüber hinaus?

Aus diesem Beispiel wird bereits deutlich, welche Aspekte das Thema Autogenes Training umfassen kann. Wer sich mit Entspannungstechniken, speziell mit dem Autogenen Training, beschäftigt, stößt sehr bald und zwangsläufig auf den Problembereich Streß. Eine sinnvolle Anwendung von Entspannungsverfahren ist nur dann gewährleistet, wenn man zunächst sein Leben etwas genauer betrachtet und Überbelastungen aufspürt. Das Ziel des Autogenen Trainings kann nicht allein die »Reparatur« eines Menschen oder einer seiner Störungen sein. Entspannungsübungen sind auf lange Sicht nur dann wirksam, wenn zugleich unnötige Überforderungen erkannt und künftig vermieden werden.

Daher ist es von großer Bedeutung, daß wir unseren Körper und seine Reaktionsweisen verstehen. Wir müssen wissen, was unseren Körper in Alarmbereitschaft versetzt und warum. Viele Alarmauslöser in unserem Leben sind für uns nicht direkt als Stressoren erkennbar. Wenn wir die Zusammenhänge zwischen den Ursachen unserer Belastungen und unserem Umgang damit verstehen, können wir uns angemessener verhalten und unserer bisherigen Lebensweise eine kleine Richtungsänderung geben.

Ohne Verständnis und Einsicht kann kaum eine Verhaltensänderung erreicht werden. Deshalb enthält dieser Ratgeber eine genaue Darstellung der Grundlagen der Streßentstehung und der damit verbundenen körperlichen Reaktionen. Wenn Sie sich für Ihre Körperreaktionen interessieren und wissen wollen, was Sie zum Erhalt der Gesundheit Ihres Körpers und Ihrer Psyche tun können, haben Sie bereits den ersten wichtigen Schritt getan. Das Autogene Training eignet sich wunderbar als Anti-Streß-Programm.

I. Leben zwischen Spannung und Ent-Spannung

Der Mensch bewegt sich unablässig zwischen den Polen körperlich-geistiger Spannung und Entspannung. Viele Male am Tag schwanken wir zwischen Anspannung und Ruhe, verändern sich die Wachheitsgrade sowie die Konzentration nach innen und außen. Der ständige Wechsel dieser teilweise sehr gegensätzlichen Zustände muß gut funktionieren, wenn das körperlich-seelische Wohlbefinden nicht aus dem Gleichgewicht geraten soll. Der Stoffwechsel und die Psyche des Menschen sind normalerweise darauf eingestellt, diese Unterschiede wahrzunehmen und adäquat auf äußere wie auf innere Reize zu reagieren. Das folgende Beispiel soll die körperlichen Vorgänge, die in Streßsituationen stattfinden, verdeutlichen:

In relativ ruhiger Verfassung möchten Sie eine Straße überqueren. Plötzlich vernehmen Sie ganz in Ihrer Nähe wildes Reifenquietschen und Hupen. Selbst wenn dies gar nicht Ihnen gegolten hat, sind Sie nun plötzlich hellwach und erregt.

Ihr Körper reagiert dabei reflexartig mit einer Steigerung der Atem- und der Herzfrequenz, der elektrische Hautleitwiderstand sinkt, die Pupillen weiten sich, die Hirnströme verändern sich, und eine Reihe von Hormonen werden ins Blut ausgeschüttet. Das Gehirn reagiert mit einer blitzschnellen Situationsanalyse, um zu erkennen, ob Gefahr droht. Ihre Wahrnehmung richtet sich in diesem Augenblick ausschließlich auf das äußere Geschehen. Diese Reaktionen werden zentral durch den Hypothalamus gelenkt, eine Art Kommandozentrale unseres Gehirns. Er koordiniert das vegetative Nervensystem sowie das Zentralnerven- und Hormonsystem. Das limbische System – dem Hypothalamus räumlich und funktional übergeordnet – ist für unsere Gefühlswelt zuständig. Es regelt Emotionen wie Wut oder Angst und beeinflußt unsere Reaktionen gegenüber Reizen. Wenn nun, wie in unserem Beispiel, Reifenquietschen und Hupen registriert werden, entsteht eine komplexe, körperliche Streßreaktion.

Streß

Das Wort Streß stammt ursprünglich aus dem Bereich der Technik, speziell aus der physikalischen Materialprüfung, und bezeichnete solche Einwirkungen auf Materialien, die durch Zug, Druck und Verformung entstanden. Es handelte sich dabei um Belastungstests, mit denen diese Materialien geprüft wurden. Der Begriff Streß wurde im Jahr 1932 von dem österreichisch-kanadischen Arzt Hans Selye (1907–1982) in die Biologie eingeführt. Streß bezeichnet seither Belastungen, die auf den Menschen einwirken. Zunächst ordnete man dem biologischen Begriff Streß nur eine negative Bedeutung zu, im ursprünglichen Sinn von unter Druck setzen oder Lärm, Hetze, Schmerzen oder Frustrationen ausgesetzt sein. Andererseits erkannte man, daß der Mensch dem Streß nicht entfliehen kann, ihn in wohldosierter Form sogar braucht, um nicht innerlich zu verkümmern, weil die Herausforderung fehlt. Deshalb ging man dazu über, zwei Arten von Streß zu unterscheiden: den *Eustreß*, der förderliche und notwendige Anforderungen bezeichnet, und den *Disstreß*, der ungesund und schädlich ist, der den Menschen seelisch deformiert und deshalb vermieden werden sollte. Beim Streßgeschehen ist darüber hinaus von Bedeutung, wie lange die jeweiligen Stressoren auf den Menschen einwirken und ob dieser Zeitraum von Ruhepausen unterbrochen wird, in denen sich der Organismus wieder erholen kann.

1. Das menschliche Nervensystem

Es gibt im wesentlichen zwei Beschreibungsmodelle des menschlichen Nervensystems. Das erste unterscheidet zwischen dem zentralen – bestehend aus Gehirn und Rückenmark – und dem peripheren Nervensystem, den übrigen Nervenfasern im Körper.

Das Nervensystem

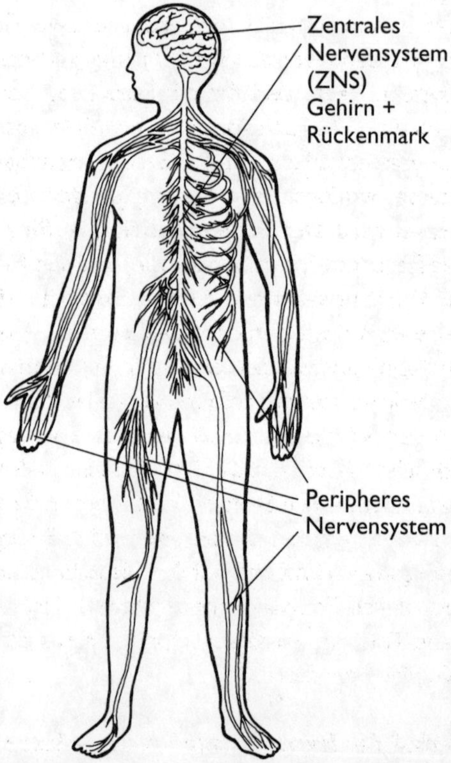

Im zweiten Modell bildet die jeweilige Funktion die Grundlage zur Unterteilung in das _willkürliche_ und das _unwillkürliche Nervensystem._ Das willkürliche Nervensystem umfaßt alle Nerven, die wir benötigen, um bewußte Bewegungen auszuführen. Durch das unwillkürliche Nervensystem werden alle Funktionen gesteuert, die sich unserer Einflußnahme überwiegend entziehen (Herzschlag, Reflexe, Verdauung). Da es selbständig arbeitet, nennt man es auch autonomes Nervensystem. Eine weitere Bezeichnung lautet vegetatives Nervensystem, da durch dieses die grundlegenden Körperfunktionen reguliert werden.

Dieses System setzt sich wiederum aus zwei Gegenspielern (Antagonisten) zusammen: das _sympathische_ und das _parasympathische Nervensystem_. Beide sind für die Steuerung komplexer Vorgänge verantwortlich: Die Funktion des Sympathikus besteht überwiegend in der Energieentladung und der Steuerung abbauender Stoffwechselprozesse, wodurch eine leistungssteigernde (ergotrope) Wirkung erzielt wird. Der Parasympathikus ist für die Energiespeicherung, die Regeneration (trophotrope) und den Aufbau zuständig. Mit gleicher Wirksamkeit steuern beide Systeme – durch das zeitweilige Überwiegen des einen oder des anderen – den Organismus. So entsteht keine andauernde einseitige Funktionsänderung, sondern eine förderliche zusammenführende (synergistische) Wirkung.

Wird der Körper in Streß versetzt, so reagiert zunächst das sympathische System mit der Bereitstellung aller nötigen Energien. Das parasympathische System aktiviert die Erholungs- und Verdauungsprozesse, nachdem die bereitgestellte Energie durch körperliche Bewegung verbraucht wurde. Diese Erholungsprozesse lassen sich auch durch Entspannungsverfahren – insbesondere durch das Autogene Training – auslösen, durch die das parasympathische System aktiviert werden kann.

Der Einfluß der beiden antagonistischen Systeme auf die Organe wird bei der folgenden Gegenüberstellung noch einmal deutlich:

Organ	Sympathikusreiz	Parasympathikusreiz
Herz	Beschleunigung	Verlangsamung
Pupillen	Erweiterung	Verengung
Magen-, Darmbewegung	Hemmung	Anregung
Schilddrüse	Anregung	Hemmung
Nebennieren	Anregung der Adrenalinsekretion	Hemmung der Adrenalinsekretion
Blutgefäße	Verengung	Erweiterung
Genitalien	Durchblutungs-verminderung	Durchblutungs-steigerung
Bronchien	Erweiterung	Verengung

Der Hypothalamus regt die Nebennierenrinden zur verstärkten Ausschüttung von Adrenalin an und aktiviert den Sympathikus. Dieser sorgt dafür, daß der Herzschlag sich beschleunigt, die Gefäße sich verengen, der Blutdruck steigt, die Pupillen sich erweitern, Schweiß produziert wird und die Darmmuskulatur erschlafft. Der Körper wird damit in den Alarmzustand versetzt. Der Sinn dieser Streßreaktion liegt darin, den Körper und die Psyche auf potentiell notwendige Höchstleistungen vorzubereiten. Dies dient dazu, daß der Mensch zu seinem eigenen Schutz die Gefahrenquelle angreifen oder vor ihr fliehen kann. Alle für die Bewältigung der Gefahrensituation nicht relevanten Vorgänge werden nahezu abgeschaltet. Die Verdauung verlangsamt sich, der Sexualtrieb spielt nur noch eine untergeordnete Rolle, Reflexhandlungen treten vor umständliche Überlegungen. Es entsteht Angst, die zu einer sinnvollen Einschätzung der Gefahr und zur Abwägung der notwendigen Handlungsschritte führt. Das menschliche Verhalten angesichts bestimmter Ereignisse fällt sehr unterschiedlich aus, da es individuell variiert, ob eine Situation als belastend empfunden wird oder nicht.

Das menschliche Gehirn

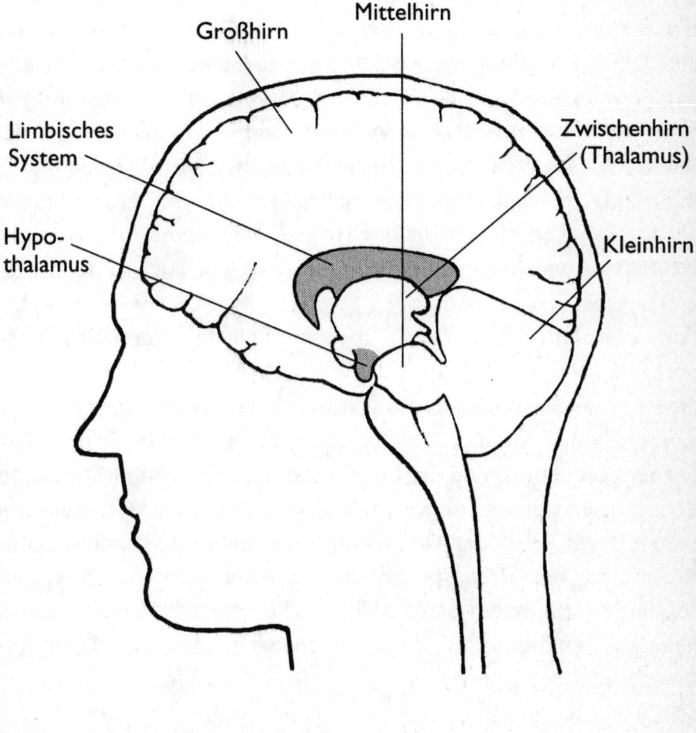

2. Streßtypen

Das sympathische und das parasympathische Nervensystem befinden sich normalerweise im Gleichgewicht. Gerät der Mensch in einen Dauerstreß, wird diese Balance gestört. Eines der Systeme kann dann dominanter sein als das andere und die jeweilige Reaktion gemäß seiner Funktion prägen. Welches dieser beiden in den Vordergrund tritt, hängt einerseits von der erblichen Vorbestimmung, andererseits aber auch von Lernerfahrungen und der Art und Dauer des Stressors ab. Dominiert der Sympathikus, ist die Person in einer Streßphase nervöser, temperamentvoller oder auch unbeherrschter. Diesen Typ nennt man *Sympathikotoniker*. Überwiegt das parasympathische Nervensystem, zu dem auch der Nervus vagus gehört, reagiert die Person eher defensiv, geschockt, traurig und zieht sich zurück; diese Reaktion ist typisch für den *Vagotoniker*.

Kaum ein Mensch ist eindeutig einem der beiden Typen zuzuordnen, die meisten bewegen sich ständig zwischen diesen beiden Extremen mit einer Tendenz zu der einen oder anderen Seite. Bei vielen Stressoren oder einem lang anhaltenden Disstreß kann die Ausprägung des Streßtyps jedoch deutlicher werden. Als typische Störungen bei einem Sympathikotoniker treten dann Herz- und Kreislaufkrankheiten auf, der Vagotoniker ist eher von Magen- und Darmkrankheiten betroffen.

A- und B-Typen

Eine weitere Art der Unterscheidung von Streßtypen, die nicht mit der vorher genannten in Verbindung steht, ist eine Einteilung in Typ-A- und Typ-B-Verhaltensweisen. Im Vordergrund stehen hierbei nicht die organischen Abläufe, die in Streßsituationen erfolgen, sondern solche Reaktionen, die sich im Verhalten widerspiegeln.

Die verschiedenen Streßtypen

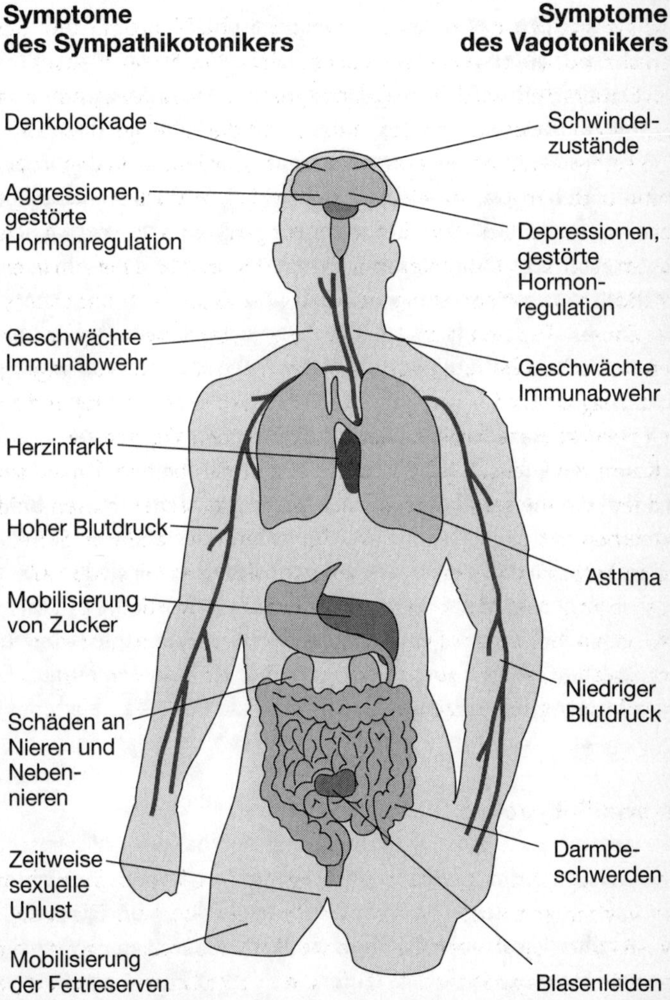

Diese verhaltensbezogene Unterscheidung wurde in den sechziger Jahren von den amerikanischen Kardiologen M. Friedman und R. H. Rosenman erstellt, nachdem sie bei Patienten mit Herzkrankheiten bestimmte Verhaltensmuster erkannt hatten.

Sie fanden unter anderem heraus, daß Personen des Typs A hohe Anforderungen an sich und andere stellen. Sie sind ehrgeizig, aggressiv und stecken sich hohe Ziele. Weiterhin kennzeichnen diesen Typus ein starkes Streben nach Anerkennung, verbunden mit einer ausgeprägten Angst vor Kritik, die Bereitschaft, sich zu verausgaben, Ruhelosigkeit, ein Gefühl ständiger Zeitnot und die Vernachlässigung eigener Entspannungsbedürfnisse. Menschen des A-Typs weisen nach den Studien von Friedman und Rosenman ein erheblich höheres Herzinfarktrisiko auf. Das kann darauf zurückgeführt werden, daß Menschen mit extremem Typ-A-Verhalten höhere Blutfettwerte, eine stärkere Triglizeridausschüttung unter Streß sowie eine kürzere Blutgerinnungszeit aufweisen als die Personen einer Vergleichsgruppe. Dies sind typische organische Streßreaktionen. Typ-B-Menschen dagegen sind ruhig, ausgeglichen, also insgesamt gelassener und weniger leistungsorientiert.

Wie jede Klassifizierung kann auch diese Beschreibung nur als Modell dienen, grundsätzlich wurden diese Erkenntnisse jedoch in unterschiedlichen Studien belegt. Auch bei dieser Unterscheidung gibt es kaum reine Typen, es treten meist Mischformen auf. Die meisten Menschen haben sowohl Merkmale des A- als auch des B-Typus in sich. Wir scheinen eine genetische Veranlagung zu besitzen, in der einen oder anderen Weise zu reagieren, die sich durch erlerntes Verhalten jedoch wieder verändern kann.

Insgesamt sind diese Zusammenhänge von der Wissenschaft noch nicht restlos geklärt. Untersuchungen haben gezeigt, daß Menschen, die unter erhöhtem Blutdruck leiden – und daher stärker herzinfarktgefährdet sind als andere – zum Typ-A-Verhalten neigen. Folgende Merkmale treten bei diesen Personen vermehrt auf:

- schlechte Anpassungsfähigkeit,
- unterdrückte Aggressionen,
- niedriges Selbstwertgefühl,
- großes berufliches Engagement ohne entsprechende innere Anerkennung.

Da diese Aussagen nicht immer und zu hundert Prozent zutreffen, kann hier nur von einer Tendenz gesprochen werden. Trotzdem lassen sich diese Ergebnisse für eine Analyse Ihrer Streßgefährdung nutzen: Gleichgültig welcher Streßtyp Sie sind, eine hohe Streßgefährdung ergibt sich, wenn Sie

- sich schnell gereizt fühlen und leicht zu Aggressionen neigen;
- nicht abschalten können und nur schwer zur Ruhe kommen;
- schnell erschöpft sind und sich nur langsam wieder regenerieren können;
- übermäßig viel Selbstkritik üben und auch gegenüber anderen überkritisch sind, mit der Folge, daß Sie deshalb sich selbst und andere nicht leiden können;
- an dem, was Ihnen früher Freude bereitete, nun keinen Spaß mehr haben;
- Konzentrationsschwierigkeiten haben, sich gehetzt fühlen und anderen nicht mehr zuhören können.

In diesem Zusammenhang sind die Ergebnisse einer vergleichenden Studie interessant, die mit Herzinfarktpatienten durchgeführt wurde. Patienten, die sich nach ihrem Infarkt ein Streßbewältigungsverfahren aneigneten, hatten deutlich weniger Zweitinfarkte als vergleichbare Infarktpatienten, die nicht lernten, Streß zu verarbeiten. Durch Autogenes Training, das sich als Streßbewältigungsverfahren hervorragend eignet, können belastende Situationen entschärft werden. Der Organismus zeigt sich dann insgesamt deutlich stabiler.

Eine Untersuchung belegt diesen Zusammenhang: Es nahmen zwei Gruppen teil. Die erste setzte sich aus Teilnehmern zusammen, die regelmäßig Autogenes Training praktizieren, die Vergleichsgruppe bestand aus solchen, die keine Entspannungstechniken ausüben. Beiden wurde jeweils eine Videoaufnahme, in der Kampfszenen enthalten waren, gezeigt. Bei allen Versuchspersonen wurde die Herzfrequenz, also der Puls, gemessen. Dabei ergab sich, daß das Anschauen dieser Szenen bei den Mitgliedern der Vergleichsgruppe die Herzfrequenz deutlich höher ansteigen ließ als bei den Versuchspersonen, die regelmäßig das Autogene Training absolvierten. Daraus läßt sich folgern, daß sich Autogen Trainierte nicht so leicht aus der Ruhe bringen lassen wie Untrainierte.

3. Angriff oder Flucht – Streßantworten im Wandel

Während der Evolution erlernte und vererbte der Mensch verschiedene Handlungsmuster, von denen zwei von besonderer Bedeutung für das Streßgeschehen sind. Fight or flight – Kampf oder Flucht. Angriff als Notwendigkeit bei der Nahrungsbeschaffung durch die Jagd und Flucht als Lebensrettung bei Bedrohungen wendeten die Menschen schon vor Jahrtausenden situationsgerecht an. Unabhängig davon, ob unsere Vorfahren jagten oder flohen, erst der physiologische Vorgang Streß schuf die Voraussetzungen für diese beiden Höchstleistungen. Im weiteren Lauf der Entwicklungsgeschichte benötigten die Menschen jedoch differenziertere Handlungsmöglichkeiten als die archaischen Muster Flucht oder Angriff, die aus der Sicht unseres Lebensalltags eher absurd erscheinen. Während sich unser Körper und seine neurologische wie hormonelle Steuerung seit mehreren Jahrtausenden im wesentlichen nicht verändert haben, wandelte sich unser Lebensraum im Gegensatz dazu in allen Lebensbereichen. Besonders in den letzten hundert Jahren verlief diese Entwicklung sehr schnell und einschneidend. Bis zum Beginn der Industrialisierung mußten sich die Menschen kaum auf Neuerungen, weil Erfindungen und Entdeckungen sehr selten oder den meisten nicht zugänglich waren. Mit dem beschleunigten Fortschritt in den Bereichen Kommunikation, Verkehr, Industrie, Information und Medizin werden gleichzeitig vielfältigste Anforderungen an uns moderne Menschen gestellt. Organisch sind wir aber nicht weiter entwickelt als unsere Vorfahren in der Jungsteinzeit, denn die genetische Entwicklung unserer Körperfunktionen findet nur äußerst langsam über Jahrhunderte und Jahrtausende statt. Die Anpassung des menschlichen Körpers geschieht nicht schnell genug, um mit der rasanten technischen Entwicklung seit der Industrialisierung Schritt halten zu können. Nach wie vor besteht eine große Diskrepanz zwischen den notwendigen Verhaltensweisen und den tatsächlichen körperlichen Möglichkeiten.

Heute stellen sich die für den Menschen bedrohlichen und streßauslösenden Situationen subtiler und komplexer dar als früher. So kann die Kritik eines Vorgesetzten an seinem Untergebenen bei diesem die gleiche physiologische Reaktion auslösen wie eine Stammesfehde bei unseren Vorfahren. Weitere Stressoren unserer Zeit sind: der große Leistungsdruck, die zu hohe Bevölkerungsdichte, wirtschaftliche Armut, Gruppendruck, Prüfungs- und Versagensangst, aber auch positive Erlebnisse wie Hochzeiten oder Beförderungen. Auf all diese streßverursachenden Zivilisationserscheinungen dürfen wir jedoch nicht mehr mit Flucht oder Angriff reagieren, sondern wir müssen versuchen, situationsgerechte Lösungen zu finden. Wir können nicht fliehen, wenn der Vorgesetzte seinen Unmut äußert, oder ihn gar körperlich angreifen. Beides hätte fatale soziale Folgen. Sich ständig dem Leistungsdruck durch Flucht zu entziehen stellt ebenfalls keine taugliche Lösung dar.

Unsere Streßantworten haben sich also den Umständen der Zivilisation angepaßt, wohingegen unser physiologisches Erbe dieser Entwicklung noch stark hinterherhinkt. Der Körper des heutigen Menschen zeigt nämlich in Streßsituationen immer noch dasselbe archaische biologische Muster, das auch bei den Höhlenmenschen ablief: *Ein erhöhter Blutdruck sichert die Erfüllung des Mehrbedarfs der Muskeln an Sauerstoff und Nährstoffen. Das Immunsystem stellt sich auf Verletzungen ein, und die Blutgerinnungsfähigkeit nimmt zu, um die Heilung eventueller Verletzungen zu beschleunigen.*

Wird der Körper häufig in diese Alarmbereitschaft versetzt oder gar einem Dauerstreß ausgesetzt, ohne daß dann die bereitgestellten körperlichen Sonderleistungen genutzt werden, entstehen Fehlfunktionen, und der Organismus – wie auf lange Sicht auch die Psyche – gerät aus dem Gleichgewicht. Diese andauernde Alarmbereitschaft ließe sich am besten durch körperliche Aktionen abbauen. Demgemäß wäre es am sinnvollsten, nach der Unmutsäußerung des Vorgesetzten im Fitneßcenter zu trainieren oder einen Waldlauf zu machen, um sich wieder abzureagieren.

Die Kombination mehrerer komplexer Stressoren mit der zunehmenden Bewegungsarmut in unserer Gesellschaft zieht schwerwiegende körperliche und seelische Folgen für den einzelnen nach sich. All unsere Bequemlichkeiten wie Autofahren, Rolltreppen, unterschiedlichste Küchenmaschinen und vieles andere mehr haben neben ihren Annehmlichkeiten auch ihre fatalen Kehrseiten. Sie berauben uns jener wertvollen Körperbewegungen, die unser Organismus dringend als Ausgleich braucht. Intuitiv spüren wir diesen Mangel und betätigen uns daher im Sportverein oder Fitneßcenter. Dies ist in jedem Fall sinnvoll und gesund. Bestehen allerdings bereits weitreichende Störungen, reicht Sport allein nicht mehr aus.

4. Positiver und negativer Streß

Wie bei der Erklärung des Begriffs Streß deutlich wurde, ist es wichtig, zwischen dem förderlichen Eustreß und dem belastenden Disstreß zu unterscheiden. Natürlich wäre jeder von uns dazu geneigt, sich nur dem Eustreß mit seinen angenehmen Aufgaben, Erlebnissen und Gefühlen auszusetzen, aber wir haben keine Wahl. Heutzutage begegnen uns eine Fülle von Disstreßreizen, und es gibt kaum einen Lebensbereich, der nicht mit Leistungsanforderungen und Ansprüchen verbunden ist. Diese Fülle an Belastungen versetzt uns in einen permanenten Alarmzustand.

Der Vater der Streßforschung, der österreichisch-kanadische Mediziner Hans Selye, entdeckte, daß dieser Alarmzustand bei einer chronischen Einwirkung von Disstreßreizen Langzeitreaktionen des Körpers hervorruft. Man spricht von den drei Stadien des Adaptationssyndroms oder auch vom Dreitakt der Alarmreaktion. Selye konnte feststellen, daß die Körperreaktionen häufig einem bestimmten Muster folgen, das im wesentlichen drei Phasen durchläuft. Weil dieses Wissen in Tierversuchen gewonnen wurde, muß man mit der Übertragung der Ergebnisse auf den Menschen vorsichtig sein. Allerdings haben sich einige dieser Erkenntnisse zur Erstellung von Modellen in der Streßforschung am Menschen bereits bewährt. Den Ablauf des Adaptationssyndroms verdeutlicht folgende Abbildung:

Dreitakt der Alarmreaktion

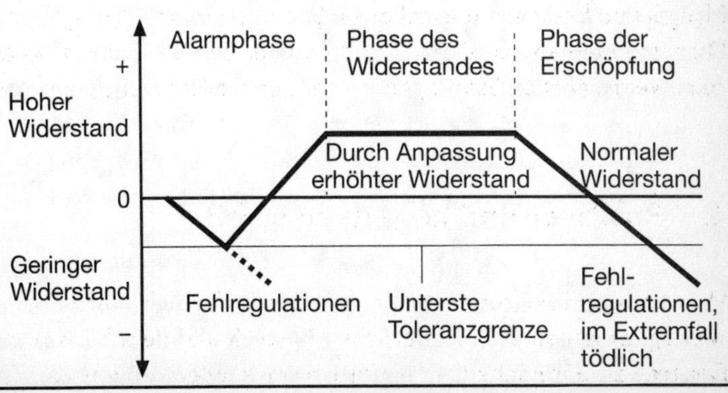

In dieser Graphik wird deutlich, daß sehr starke Streßreize den Organismus gefährden können, wenn sie nicht durch Anpassung oder Beseitigung entkräftet werden.

In der ersten gefährlichen Phase – *Alarmphase* oder auch Schockphase genannt – nimmt die Widerstandsfähigkeit des Körpers ab. Häufig treten dabei folgende Symptome auf:

- Abnahme der Muskelspannung (Muskeltonus),
- Absinken der Körpertemperatur und des Blutzuckers,
- hohe Herzschlagfrequenz (Tachykardie),
- Bluteindickung,
- Ödeme,
- Abnahme der Leukozyten (Leukopenie),
- Ausschüttung von Adrenalin und Arterenol (Streßhormone).

Kann sich der Körper an den Streßreiz anpassen, verschwinden die anfänglichen Symptome wieder, die Widerstandskraft gegen den Stressor erhöht sich. Diese zweite Phase nannte Selye die *Phase des Widerstandes.* Doch der Organismus kann sich nicht unbegrenzt den Belastungen entsprechend umstellen und seine Kraftreserven nicht beliebig vergrößern. Wenn sich die Anforderungen nicht verringern, tritt der Mensch in das dritte Stadium der Alarmreaktion ein, die *Phase der Erschöpfung.* Die Anpassungsfähigkeit des Organismus wird kleiner, die körperliche Widerstandskraft sinkt, und es treten Krankheiten auf, die auch als Adaptations-Krankheiten bezeichnet werden. Dieser Begriff bringt zum Ausdruck, daß nicht der Streßauslöser an sich die Erkrankung hervorgerufen hat, sondern der Organismus selbst durch seine falsche Reaktion auf große Belastungen. Dabei ist es nicht wichtig, ob der Streß durch einen einzelnen schwerwiegenden Faktor oder durch mehrere kleinere Auslöser verursacht wird. Wenn Streßreaktionen nicht durch Bewegung oder Ruhe- bzw. Erholungsphasen ausgeglichen werden, summieren sich diese und verstärken sich gegenseitig. Es entsteht eine bedrohliche Erschöpfung des Gesamtorganismus.

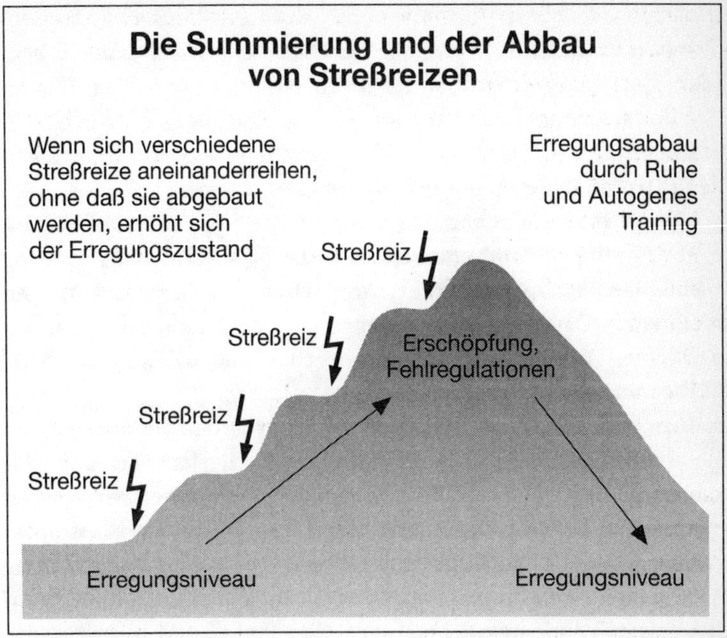

Die Überforderung unseres Organismus durch Dauerstreß kann sich beispielsweise durch folgende Beschwerden äußern:

- trockener Mund, Kloß im Hals,
- Herzklopfen oder -stiche,
- Schweißausbrüche,
- Zähneknirschen, auch nächtliches Zähneknirschen (Bruxismus),
- Spannungskopfschmerz,
- Konzentrationsschwierigkeiten,
- Schwindelanfälle,
- Angstgefühle,
- Verdauungsbeschwerden,
- chronische Müdigkeit und vieles mehr.

Eine Technik wie das Autogene Training versetzt uns in die Lage, in Zeiten vielfältiger und andauernder Belastung zuverlässig zu entspannen. Die zwischen den Streßsituationen notwendigen Phasen der Ruhe können mit dem Autogenen Training ganz gezielt geschaffen werden. Dennoch sollten zuerst einmal die Streßursachen gefunden und eventuell beseitigt werden, da man Schulden, Termindruck und Auseinandersetzungen nicht allein mittels Entspannung bewältigen kann und soll. Ebenso sollte Autogenes Training nicht dafür eingesetzt werden, um noch mehr Belastung aushalten zu können. Das Autogene Training bietet die Möglichkeit, lang andauernde Disstreßreize zu unterbrechen und dadurch die belastende Summierung der Erregung zu verhindern.

Was ist aber der genaue Unterschied zwischen Situationen, die Eustreß bzw. Disstreß hervorrufen? Diese Frage kann nur individuell beantwortet werden. Während der eine mit einer bestimmten Situation, z. B. einer Beförderung, nur den verstärkten Leistungsdruck verbindet, empfindet ein anderer sie als eine Anerkennung seines bisherigen Engagements und als eine Herausforderung, an die er mit Freude herangeht.

Die meisten Ereignisse im Leben sind jedoch nur schwerlich einem dieser beiden Pole eindeutig zuzuordnen. Die Persönlichkeit des einzelnen entscheidet darüber, wie die Stressoren in der jeweiligen Situation interpretiert werden. Merkmale wie Alter, sozialer Status, Ausbildung, Geschlecht und soziale Kompetenzen bestimmen, ob jemand gelassen reagiert oder sich belastet fühlt, also Eustreß oder Disstreß erlebt. Eine Kündigung wird von jemandem, der eine Ausbildung und etwas Erfahrung im Umgang mit Behörden hat, wahrscheinlich gelassener aufgenommen als von jemandem ohne eine Ausbildung oder Zukunftsperspektiven. Auf das Alter bezogen, kann eine Kündigung wenige Jahre vor dem Ruhestand eine wesentlich gefährlichere Streßquelle sein als zu Beginn der Berufstätigkeit. Ob eine solche Situation als belastend erlebt wird oder nicht, hängt im wesentlichen von vier Merkmalen ab:

1. Die intrapsychische Struktur des Menschen gibt seine Möglichkeiten der Problembewältigung vor. Das heißt, persönliche Eigenschaften wie Phantasie, Mut, Ausdrucksmöglichkeiten, soziale Fähigkeiten, Lösungsstrategien und Kreativität entscheiden darüber, ob eine Belastung als Krise erlebt wird oder nicht.
2. Die Lebensgeschichte des betroffenen Menschen, seine Erfahrungen und seine momentane Lebenssituation bestimmen, wie gut er mit aktuellen Belastungen umgehen kann.
3. Die Bewertung und Interpretation eines Konfliktes durch den Betroffenen und seine Umwelt entscheidet über die Stärke der Belastung.
4. Die Wichtigkeit und Bedeutung einer Krise in der jeweiligen Lebenssituation beeinflussen die Empfindung eines Menschen bezüglich der Stärke einer Belastung.

Diese Unterschiede in der persönlichen Struktur des einzelnen, die oft schon in der Kindheit deutlich werden, können mit Entspannungsübungen wirksam gelenkt werden. Mit Autogenem Training ist es möglich, die diesbezüglichen Fähigkeiten zu erweitern, so daß ein anderer Umgang mit Belastungen entwickelt wird. Dennoch gibt es einige allgemeingültige Aussagen, die für die Mehrheit der Menschen zutreffen. Beispielsweise erzeugen fast alle körperlichen Bewegungen, solange sie vielseitig sind und nicht übertrieben werden, einen gesunden Eustreß – auch wenn man sie als anstrengend empfindet. Treppensteigen, Spazierengehen oder auch Gartenarbeit sind Beispiele für positiven alltäglichen Streß ohne Krankheitswert – immer vorausgesetzt, es besteht keine Grunderkrankung. Im psychisch-emotionalen Bereich zählen dazu in der Regel auch Ereignisse wie Hochzeiten, Weihnachten, Wiederversöhnungen oder befriedigende Arbeiten.

Disstreßeinflüsse mit Krankheitswert sind – vor allem, wenn sie über einen längeren Zeitraum und in Kombination auftreten – Überforderung im Beruf und in der Familie, Einsamkeit, ständige

Demütigungen, der Tod eines Ehepartners, Trennungen, sexuelle Schwierigkeiten, Schlafmangel und dergleichen mehr.

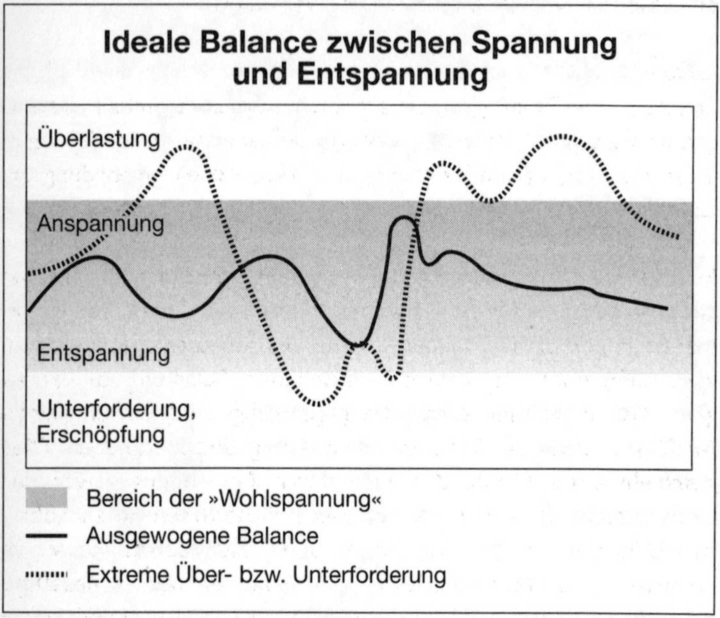

5. Wie Sie Alltagsbelastungen erkennen und vorbeugen

Bevor Sie das Autogene Training erlernen, ist es ratsam, daß Sie Ihre Alltagsbelastungen genauer untersuchen. Sie werden wahrscheinlich einige Stressoren entdecken, die Sie vermeiden oder relativ leicht entschärfen können. Erst dann wenden Sie sich den unausweichlichen Belastungen zu, indem Sie das Autogene Training erlernen, mit dem Sie diese dann bewältigen können. Es ergibt beispielsweise keinen Sinn, wenn Sie diese Technik erlernen, um Ihrer allgemeinen Erschöpfung entgegenzuwirken, Sie aber Ihre ungesunde Lebensweise nicht aufdecken und verändern.

Achtung!
Das Autogene Training wird nicht erlernt, um zusätzliche Belastungen aushalten zu können, sondern bestehende Anforderungen müssen hinterfragt und ihre mögliche Gesundheitsgefährdung erkannt und abgebaut werden.

In modernen Industrieländern gibt es einige Streßquellen, die wir nicht gleich als solche bewerten. Erkennt man jedoch derartige Situationen und ihre Ursachen, ist man in der Lage, sie künftig zu vermeiden oder die dadurch entstehende Belastung zu verringern. Manchmal kann schon das regelmäßige und immer gleiche Ausführen einzelner Tätigkeiten im Alltag Streß erzeugen. Dies geschieht unter Umständen auch durch Anwendung gewohnter Denkmuster, wir versäumen es, neue Sichtweisen auszuprobieren. Daher erleben wir Situationen und Ereignisse so, wie wir es erwarten, und unsere Auffassung wird immer wieder bestätigt. Wie wichtig dies ist, läßt sich an einem Beispiel nachvollziehen: Eine positive Einstellung gegenüber sich selbst und seiner Umwelt macht es möglich, eigene Energien und andere Menschen zu mobilisieren, sich neuen Anforderungen und Auseinandersetzungen zu stellen, während eine pessimistische Haltung dies eher verhindert. Man sollte deswegen nicht grundsätzlich alles und jeden ohne Vorbehalte als positiv bewerten, doch empfiehlt es sich, seine inneren Einstellungen von Zeit zu Zeit zu überprüfen, um so möglicherweise neue Perspektiven zu finden. »Nicht die Dinge selbst beunruhigen die Menschen, sondern ihre Meinungen und Urteile über diese Dinge«, bemerkte schon Epiktet, ein Philosoph aus der griechischen Antike.

Unsere Urteile fallen nicht immer realitätsnah und richtig aus, in vielen Fällen fehlt uns die Objektivität. Deshalb hilft es, einige kleine Experimente zu unternehmen, um die immer gleichartigen Denkweisen und praktischen Habitualisierungen im Alltag quasi zu durchbrechen. Dadurch können wir unsere Einstellungen und Erfahrungen auf eine neue Art erleben und unsere Sicht der Welt etwas auffrischen. In der Verhaltenstherapie wird diese Methode *Deautomatisierung* genannt. Sie kann auf einfache Weise durchgeführt werden. Stellen Sie sich eine typische Alltagssituation oder eine typische Streßsituation vor. Anschließend überlegen Sie, wie Sie bisher reagiert haben, was Sie sonst immer gesehen, gesagt oder erlebt haben. Und nun das Experiment:

Experiment zur Deautomatisierung

Durchbrechen Sie in einer typischen Alltagssituation einmal bewußt Ihre gewohnte Verhaltensweise. Das können auch Banalitäten sein. Wenn Sie also sonst zuerst den linken Schuh anziehen, so beginnen Sie einfach einmal mit dem rechten. Nehmen Sie zur Abwechslung einen anderen Weg zur Arbeit, oder reagieren Sie einmal probeweise betont mürrisch oder ausgesprochen freundlich, wenn Sie angesprochen werden. Schrecken sie auch vor absurden Experimenten nicht zurück, bewahren Sie z. B. Ihre Schlüssel im Eisschrank auf, anstatt sie wie üblich an das Schlüsselbrett zu hängen. Sie brauchen keine Angst zu haben, sie am nächsten Tag dort zu vergessen, da Sie sich mit Sicherheit an diese abwegige Aufbewahrung erinnern werden. Mit diesen kleinen und auch teilweise etwas merkwürdigen Experimenten werden Sie Ihr Handlungsspektrum erweitern und eingefahrene Handlungsweisen als unangemessen selbstverständlich entlarven.

Die Deautomatisierung ist ein wichtiges Instrument bei der Streßbewältigung. Auch der Begründer der Anthroposophie, Rudolf Steiner, riet zu derlei Experimenten. Er wußte, daß sie den Alltag auf heitere Weise bereichern und das zermürbende, alltägliche Einerlei vermindern. Aus dem gleichen Grund hatte Moshé Feldenkrais, der Entwickler einer nach ihm benannten Bewegungslehre, der sogenannten Feldenkraistechnik, seine Schüler immer wieder aufgefordert, bisher unbekannte körperliche Bewegungen bewußt auszuprobieren. Auf diese Weise soll die Entwicklung eines aufgeschlossenen, beweglichen Geistes gefördert werden.

Aber die Deautomatisierung alleine reicht häufig nicht aus, um die Vielzahl der Alltagsbelastungen sinnvoll zu bewältigen. Nachfolgend werden einige typische Streßquellen und die jeweiligen Möglichkeiten, mit denen sie verringert werden können, dargestellt. Nach der Beseitigung der vermeidbaren Streßbelastungen sind Sie dann an dem Punkt angelangt, an dem Sie mit den Übungen des Autogenen Trainings beginnen können.

Bewegungsmangel

Wir bewegen uns häufig zu wenig und falsch, haben aber trotzdem den Eindruck, viel unterwegs gewesen zu sein, uns körperlich angestrengt zu haben. Betrachten wir unsere Bewegungen genauer, werden wir feststellen, daß diese in vielen Fällen nicht von uns selbst ausgeführt wurden, sondern von einem Auto, einem Zug, einer Rolltreppe oder einem Aufzug. Oftmals sitzen wir bei dieser Art Fortbewegung, wobei der Rücken leidet, da die Umgebung nicht körpergerecht gestaltet ist. Doch auch solche Menschen, die starke körperliche Arbeit leisten, sind nicht vor Fehl- oder Überbelastungen gefeit.

Tips

- Wenn Sie eine sitzende Tätigkeit ausüben, sollten Sie jede Möglichkeit zur Bewegung nutzen und nicht auch noch mit der Rolltreppe oder dem Fahrstuhl fahren. Zusätzlich zu diesen kleinen alltäglichen Betätigungen sollten Sie auch regelmäßig einen Sport ausüben, der Ihnen Freude bereitet – am besten mit anderen Menschen gemeinsam.
- Wenn Sie in Ihrer Bewegungsfähigkeit eingeschränkt sind, beispielsweise nach einem Unfall oder durch eine Erkrankung, suchen Sie gemeinsam mit einem Arzt oder einem Krankengymnasten nach einer sinnvollen sportlichen Betätigung. Sie geben sich damit die Möglichkeit, Streßhormone zu verbrauchen, Ihren Körper zu kräftigen und sowohl Ihr Immunsystem als auch Ihren Kreislauf zu stärken.
- Wer körperlich arbeitet, muß darauf achten, daß er die jeweilige Tätigkeit richtig ausführt, beispielsweise indem er bestimmte Hebetechniken erlernt, um sich nicht zu überlasten. Menschen, die hart körperlich arbeiten, brauchen einen Ausgleich, sie sollten also gezielt Ruhepausen einplanen.
- Überanstrengen Sie sich nicht, sondern dosieren Sie Ihr Training richtig. Erkenntnisse der neuen medizinischen Fachrichtung Psychoneuro-Immunologie (Immunforschung in Zusammenhang mit psychisch-neurologischen Aspekten) belegen, daß nach einer starken körperlichen Überanstrengung das Infektionsrisiko höher ist. Wenn Sie sich beispielsweise im Leistungssport völlig verausgaben, müssen Sie in den darauffolgenden Tagen mit einer erhöhten Anfälligkeit rechnen, unabhängig davon, ob Ihnen Ihr Sport Freude bereitet oder nicht. Verursacht wird dies durch eine erhöhte Produktion von Hormonen der Nebennierenrinde und des Nebennierenmarks nach einer Anstrengung. Diese sichern die Energiebereitstellung, wodurch allerdings das Immunsystem geschwächt wird. Mit übermäßiger Bewegung stärken Sie also Herz und Kreislauf, doch gleichzeitig bremst sie die Tätig-

keit Ihres Immunsystems. Außerdem belasten viele Leistungssportarten den Körper einseitig und sind allein schon aus diesem Grunde nicht zu empfehlen. Wählen Sie daher eine Ihren Möglichkeiten angemessene Art der Bewegung aus.

Sexualität

Kaum ein zwischenmenschlicher Bereich ist mit Klischees, Vorurteilen, Mißverständnissen, Tabus und hohen Erwartungshaltungen so sehr belastet wie die Sexualität. Doch sind Probleme, die sich in diesem Bereich ergeben, häufig dadurch zu lösen, daß man über sie spricht. Damit überwindet man die Schwierigkeiten, die sich in unseren Vorstellungen – oftmals völlig unbegründet – im Lauf der Zeit festgesetzt haben.

Erinnern Sie sich an die Darstellung der Streßreaktionen zu Beginn dieses Buchs: Die körperliche Antwort auf Belastungen beinhaltet eine Verminderung des sexuellen Antriebs, da sich der Körper auf einen Angriff oder eine Flucht vorbereitet und unnötigen Energieverbrauch verhindern will. Deshalb liegt einer sexuellen Störung, wie beispielsweise der sexuellen Lustlosigkeit, häufig eine psychische Anspannung zugrunde. Das Autogene Training hat sich bei der Behandlung sexueller Störungen vielfach bewährt, da es sich entspannend auf den gesamten Organismus auswirkt.

Tip

Verabschieden Sie sich von unrealistischen Wunschvorstellungen, und sprechen Sie offen und ehrlich mit Ihrem Partner. Wenn Sie erkennen, daß Ihre Sexualität infolge einer inneren Anspannung leidet, sollten Sie verstärkt nach Entspannungsmöglichkeiten suchen. Autogenes Training ist hierfür sehr gut geeignet. Versuchen Sie außerdem, den Leistungsaspekt grundsätzlich aus Ihrer Sexualität auszuklammern.

Beruf

Gerade im beruflichen Bereich fällt es sehr schwer, genau zu erkennen, wo ein Problempunkt liegt, da viele verschiedene Menschen und Anforderungen aufeinandertreffen. Doch wegen der großen Bedeutung, die das Erwerbsleben für uns hat, können hier besonders schwere Belastungen entstehen. Vor allem Intrigen und Mobbing sind an dieser Stelle zu nennen. Meist passiert folgendes: Mitarbeiter oder Vorgesetzte werden mit Psychoterror in Schwierigkeiten gebracht, um sie vom Arbeitsplatz zu verdrängen. Als Folgen können bei den Betroffenen – neben wirtschaftlichen und beruflichen Schäden – eine Reihe physischer wie auch psychischer Erkrankungen auftreten. Mobbing-Opfer berichten von Kopfschmerzen, Schlafstörungen, Spannungszuständen, chronischen Angstzuständen und Depressionen. Zudem besteht ein erhöhtes Risiko für Alkohol- und Medikamentenmißbrauch. Nach einer Studie sind in Deutschland 20 Prozent aller Selbstmorde auf große Schwierigkeiten am Arbeitsplatz zurückzuführen. Mit dem Autogenen Training lassen sich derartig gravierende Schwierigkeiten am Arbeitsplatz nicht beseitigen, doch kann es dazu beitragen, möglichen körperlichen und seelischen Deformationen entgegenzuwirken.

Tips

- Gerade bei Schwierigkeiten im beruflichen Umfeld sollten Sie sich von Außenstehenden helfen lassen. Suchen Sie sich Unterstützung bei Ihrem Lebenspartner, einem Freund oder bei professionellen Beratungsstellen wie beispielsweise Berufsverbänden, Betriebsräten, Gleichstellungsbeauftragten, Betriebsärzten, Rechtsberatungen oder ähnlichem.
- Verbessern Sie Ihre Kommunikation mit Kollegen und Vorgesetzten, und stärken Sie auch Ihre Fähigkeiten, Konflikte situationsgerecht zu bewältigen.

- Setzen Sie das Autogene Training bewußt dazu ein, um Störungen Ihres seelischen und körperlichen Gleichgewichts, die durch Probleme in der Arbeitswelt entstehen könnten, zu minimieren.

Kommunikationsprobleme

Wenn wir miteinander sprechen, tauschen wir sehr viel mehr aus als nur Worte. Hinzu kommen Tonfall, Mimik und Gestik, aus denen wir ablesen können, wie der Gesprächspartner etwas gemeint hat. Beispielsweise kann der Satz »Du siehst aber toll aus« völlig verschiedene Bedeutungen transportieren, je nach der Betonung. Die Palette reicht von anerkennend bis abwertend. Hieraus ergeben sich unterschiedliche Möglichkeiten, wie Mißverständnisse entstehen. Durch Fehlinterpretationen des Gesagten oder durch Widersprüche zwischen der Aussage und der Körpersprache können Auseinandersetzungen wie auch Kränkungen entstehen, die eine große Belastung darstellen. Dies geschieht, wenn wir etwas völlig anderes sagen, als wir meinen. Der Gesprächspartner merkt möglicherweise an Mimik und Tonfall, daß in dieser Situation etwas nicht stimmt. Meistens ist jedoch nicht eindeutig festzustellen, wodurch die Kommunikationsstörung ausgelöst wurde. Daher ist es wichtig, die Dinge auszusprechen, wie sie gemeint sind, denn sonst entsteht eine innere Anspannung und Unzufriedenheit und damit eine Streßquelle, die vielfach vermieden werden könnte.

Tip

Überlegen Sie, ob das, was Sie sagen, und die Art, wie Sie es sagen, übereinstimmen. Ist dies nicht der Fall, denken Sie doch einmal darüber nach, ob es nicht möglich wäre, künftig direkter und ehrlicher zu sein. Die Angst vor den Folgen ist oft unangemessen groß. Versuchen Sie klar zu äußern, was Sie wirklich denken und fühlen. Sprechen Sie von sich selbst, benutzen Sie die Ich-Form, vermeiden Sie Formulierungen wie »man sollte ...« oder »man müßte ...«.

Urlaub und Erholung

Unter Umständen können eigentlich angenehme Vorhaben wie Urlaub und Reisen sehr anstrengend werden. Wir erholen uns nicht, sondern leiden unter Zeitdruck, Gereiztheit und Unausgeglichenheit. Ein Widerspruch, möchte man meinen, aber oftmals ist dies tatsächlich so. In den schönsten Wochen im Jahr wollen viele Menschen ihre Träume und Hoffnungen auf Freiheit, Entspannung, Abenteuer und Abwechslung vom Alltag erfüllen. Für alle Freizeitwünsche bleiben nur diese zwei oder drei Wochen: Dann wird getaucht, gesegelt, gewandert und besichtigt – der Urlaub, der eigentlich zur Erholung dienen sollte, artet in Freizeitstreß aus. Gewiß, Reisen bilden und entspannen, aber nur, wenn genügend Energie- und Zeitreserven vorhanden sind, um Pläne zu schmieden und diese auch durchzuführen. Wer völlig abgespannt nach der Arbeit noch schnell mit den Kindern die Koffer packen und das Auto am Tag der Abreise aus der Werkstatt abholen muß, beginnt den Urlaub bereits mit Streß. Häufig wird das Ziel einer Reise aus Prestigegründen ausgewählt, doch Flugreisen in ferne Länder, Segelturns oder Abenteuerreisen können sehr anstrengend werden, wenn damit nur ein gewisser Status symbolisiert werden soll. Freizeit kann nur dann genutzt werden, wenn sie auch in geistiger Hinsicht profitabel ist. Wer seinem Urlaub mit übersteigerten Erwartungen entgegensieht, erlebt schnell Enttäuschungen. Es ist nicht möglich, sich innerhalb weniger Tage innerlich auf eine völlig andere Umgebung einzustellen und sich auf die Schnelle frei zu fühlen, um die Seele baumeln zu lassen.

Tips

- Denken Sie einmal darüber nach, welche Erwartungen Sie mit Ihrem Urlaub verbinden. Stellen Sie fest, ob nicht das Gelingen des Urlaubs dadurch bereits gefährdet ist. Planen Sie großzügige Vorbereitungszeiten ein, und überladen Sie die wenigen Wochen nicht mit Aktivitäten. Lassen Sie solche Unternehmungen, die nur dem Prestige gelten, weg.

- Nehmen Sie sich in Ihrem Urlaub bewußt Zeit, auch einmal nichts zu tun. Pflegen Sie soziale Kontakte, nehmen Sie sich Zeit für die Familie oder Ihren Partner.
- Packen Sie Gesellschaftsspiele und einen Ball ein, denn im Spiel läßt sich hervorragend Streß abbauen. Es bietet eine Gelegenheit, sich zu versenken, die Phantasie zu gebrauchen und Freude zu erleben.
- Ein solcher Urlaub könnte auch der Anlaß sein, mit den Übungen des Autogenen Trainings zu beginnen. Eine entspannte Grundstimmung und ausreichend freie Zeit garantieren die ersten Trainingserfolge.

Streß durch Schlafstörungen

Das Bedürfnis nach Schlaf ist individuell sehr verschieden. Es läßt sich keine allgemeingültige Empfehlung aussprechen, welche Schlafdauer ausreichend ist. Einigen Menschen reichen vier Stunden Schlaf, andere brauchen mehr als acht Stunden. Doch innerhalb eines solchen Rhythmus können sich Störungen ergeben, die für Betroffene als sehr belastend erlebt werden. Zum einen kann der Schlaf ausbleiben, zum anderen kann sich die Qualität derart verschlechtern, daß Erholung nicht mehr möglich ist.

Doch nicht alle Beschwerden weisen automatisch auf eine Schlafstörung hin. Wer beispielsweise nach einem aufregenden Tag nicht schlafen kann, reagiert normal. Von einer Störung sprechen Mediziner aus der Schlafforschung erst, wenn jemand mehrmals pro Woche schlaflos im Bett liegt und dieser Zustand über mehrere Wochen andauert. Derartige Beschwerden sind sehr weit verbreitet, Experten unterscheiden mittlerweile über 80 verschiedene Arten von Schlafstörungen. Untersuchungen belegen, daß die meisten davon auf seelische Ursachen zurückzuführen sind (Streß, Angststörungen, Depressionen u. a.). Länger anhaltende Phasen, in denen die nächtliche Erholung fehlt, können ausgeprägte Erschöpfungszustände verursachen, die eine psychotherapeutische oder ärztliche Behandlung erfordern.

Tips

- Schlafstörungen lassen sich sehr gut durch Entspannungstechniken behandeln. In erster Linie hilft hierbei Autogenes Training, aber auch die Progressive Muskelentspannung nach Jacobson, auf die später noch genauer eingegangen wird, ist bei Schlaflosigkeit wirkungsvoll. Um eine ausgeglichene innere Haltung zu erreichen, mit der man den Schlaf geschehen läßt und ihn nicht einfordert, werden folgende Sätze in die Formeln des Autogenen Trainings eingeflochten: »Der Schlaf kommt früher oder später« oder »Die Gedanken kommen und gehen wie die Wolken am Himmel«. Wenden Sie diese Methode als Einschlafhilfe an.

  Probieren Sie auch vielfach bewährte Hausmittel aus, bevor Sie zu verschreibungspflichtigen Medikamenten greifen.
- Wenn Sie über einen langen Zeitraum unter stark ausgeprägten Schlafstörungen leiden, lassen Sie sich unbedingt von einem Arzt oder Psychologen beraten. Ohne Schlaf fehlen dem Körper und der Psyche die wichtigen Phasen der Regeneration, daher sollten die Ursachen unbedingt fachmännisch diagnostiziert und anschließend behandelt werden.

Einsamkeit

Einen weiteren, nicht zu unterschätzenden Streßfaktor stellt die Einsamkeit dar. Das Klischee des alten, allein gelassenen Menschen im Altersheim sollte dabei vergessen werden, denn auch viele junge Menschen erleben Isolation und Rückzug. Neue psychologische

Untersuchungen zeigen, daß fünf bis sieben Prozent der bundesdeutschen Bevölkerung unter dem Gefühl der Einsamkeit leiden. Menschen treten in Streßsituationen nicht selten den Rückzug nach innen an, sie isolieren sich sozial. Das ist fatal, denn nur wer mit einer Person seines Vertrauens über Probleme sprechen kann, entlastet sich wesentlich. Bleibt man in der Isolation, fällt es besonders schwer, Problemsituationen auszuhalten. Gefühle wie Verzweiflung und Hilflosigkeit entstehen. Viele von uns haben sicher erfahren, wie befreiend es sein kann, sich seine Sorgen von der Seele zu reden. Wer spürt, daß er sich in Krisenzeiten nach innen zurückzieht, sollte aktiv dagegen vorgehen. Wer über seine Sorgen sprechen kann, besitzt ein äußerst wichtiges Werkzeug, um mit seinen Problemen besser zurechtzukommen.

Tips

- Wenn Sie spüren, daß Sie in persönlich schwierigen Zeiten den Kontakt zu anderen meiden oder andere sich von Ihnen zurückziehen, versuchen Sie bewußt, den Kontakt wiederherzustellen. Fangen Sie damit an, über Ihre Sorgen zu sprechen, und erklären Sie Ihrem Gesprächspartner, daß Sie jetzt jemanden brauchen, der Ihnen einfach nur zuhört. Vielleicht entwickeln sich im Gespräch auch konkrete Ratschläge und Ideen. Gibt es niemanden, dem Sie vertrauen, dann suchen Sie sich professionelle Hilfe, z. B. bei psychologischen Beratungsstellen oder Gesprächskreisen. Sie sollten darüber nachdenken, ob Sie das Autogene Training nicht in einer Gruppe lernen möchten. Dies hätte den nützlichen Nebeneffekt, daß Sie nicht nur die Entspannungsmethode erlernen, sondern auch leichter Kontakte knüpfen könnten.
- Vielleicht hilft es auch, wenn Sie alte Brieffreundschaften wiederaufleben lassen und sich schriftlich aussprechen. Zeitweise kann auch ein Tagebuch ein wichtiger Begleiter sein. Wenn Sie Ihre Gedanken schriftlich festhalten, ergeben sich oftmals neue Ansichten und Ideen.

- Bauen Sie Ihr Selbstwertgefühl auf, indem Sie sich und Ihre Wünsche stärker in den Vordergrund rücken. Beschäftigen Sie sich mit Dingen, die Sie interessieren. Achten Sie auch auf die Gesundheit Ihres Körpers und Ihrer Seele. Verwöhnen Sie sich selbst, indem Sie beispielsweise ein ausgiebiges Bad nehmen, Ihren Körper anschließend pflegen, sich schön machen, sich gesund ernähren oder indem Sie ein gutes Buch lesen.
- Wenn Sie spüren, daß jemand anderer sich bei Ihnen aussprechen will, versuchen Sie zunächst einfach nur zuzuhören. In vielen Fällen müssen Sie ihm nicht gleich mit Rat und Tat zur Seite stehen, sondern einfach nur dasein und zuhören. So geben Sie anderen die Möglichkeit, aus der Einsamkeit herauszugehen.

Lebensweise

Eine nicht unerhebliche Streßquelle für unseren Körper können Genußgifte sein, wenn sie im Übermaß konsumiert werden. Dazu gehören Nikotin, Alkohol und ungesundes, übermäßiges oder auch extrem weniges Essen. Unser Körper kann mit diesen an sich schädlichen Einflüssen normalerweise relativ problemlos umgehen. Wenn wir aber über einen längeren Zeitraum ungesund leben, können sich bedrohliche Störungen entwickeln. Ein solcher kritischer Zustand spiegelt sich in unserer Seele wider, unser gesamtes Wohlbefinden leidet. Kommen dann noch zusätzliche Streßbelastungen hinzu, kann es passieren, daß unser gesamter Organismus zusammenbricht.

Ist Ihre unangemessene Lebensweise durch großen Streß bedingt, sollten Sie unbedingt versuchen, die Belastungen zu verringern oder erträglicher zu gestalten. Obwohl sich dieser Rat wie eine Binsenweisheit anhört, steckt mehr dahinter, als viele zunächst annehmen. Gerade in Krisenzeiten sind eine stabile Gesundheit, ausreichend Schlaf und Bewegung für die Bewältigung von großer Wichtigkeit, da der gesamte Organismus hierdurch unterstützt und gestärkt wird.

Tip
Es ist sehr sinnvoll, zuerst einmal folgende Frage zu klären: Leben Sie ungesund, weil Sie hohe Belastungen haben und Sie sich wenig um sich selbst kümmern, oder sind Sie belastet, weil Sie ungesund leben? Im ersten Fall müssen Sie unbedingt ergründen, welche Belastungen diese Lebensweise verursachen und was Sie dagegen unternehmen können. Im zweiten Fall müssen Sie zunächst Ihre Lebensweise umstellen, um die daraus resultierenden Belastungen zu verringern.

6. Streßbewältigungsstrategien

Die in diesem Kapitel angeführten Streßbewältigungsstrategien haben viel mit den Techniken des Autogenen Trainings gemeinsam. Für einige der Verfahren ergibt sich eine Wirkungssteigerung, wenn man sie gezielt modifiziert und dann in das Autogene Training integriert.

Generell können zwei Arten von Methoden der Streßbewältigung unterschieden werden: Einerseits handelt es sich darum, *kurzfristig* die Bewältigung von Streß zu verbessern, andererseits wird eine *langfristige* Veränderung im Umgang mit Belastungen angestrebt.

Die *kurzfristige* Zielsetzung ist sinnvoll, wenn

- Sie die Ursachen Ihrer Belastung kennen und Sie Ihre Situation momentan nicht ändern können oder wollen;
- Sie sich in einer Streßsituation befinden und Sie einen kühlen Kopf bewahren möchten;
- Sie Ihre momentane Erregung mindern wollen.

Die *langfristige* Zielsetzung empfiehlt sich, wenn

- Sie die Ursachen Ihrer Belastungen dauerhaft verändern, beseitigen oder reduzieren wollen;
- Sie wissen, daß Belastungen auf Sie zukommen, und Sie sich darauf vorbereiten wollen.

Streßbewältigung

Kurzfristige Entspannung durch:

- spontane Entspannung
- Wahrnehmungslenkung
- positive Selbstgespräche
- Abreaktion

Langfristige Entspannung durch:

- Entspannungstraining (Autogenes Training)
- Zeitmanagement
- Kontakte
- Problemlösung
- Einstellungsänderung
- Zufriedenheitserlebnisse
- Fertigkeiten

Die folgenden Streßbewältigungsverfahren enthalten wichtige und interessante Methoden, die in einem engen Zusammenhang mit der Vorgehensweise beim Autogenen Training stehen. Deshalb werden sie näher erläutert:

Kurzfristige Streßbewältigungsstrategien

a) Spontane Entspannung

Sie erreichen eine spontane Entspannung, indem Sie Situationen schaffen, in denen Sie zur Ruhe kommen. Unternehmen Sie etwas, das Ihnen Freude bereitet. Gehen Sie ins Kino, treffen Sie Menschen, die Ihnen wichtig sind, kochen Sie für sich, Ihre Familie und Freunde ein gutes Essen oder fahren Sie übers Wochenende weg. Dies sind keine langfristig wirksamen Streßbewältigungsmechanismen, bieten aber die Möglichkeit, sich kurzfristig von Belastungen zu erholen.

b) Wahrnehmungslenkung

Diese Methode soll dazu beitragen, daß Sie Ihre Aufmerksamkeit nicht ausschließlich auf persönliche Belastungen ausrichten, sondern andere Objekte einbeziehen. Beim Autogenen Training wird dieses Verfahren angewendet, indem z. B. durch die Konzentration auf körperliche Vorgänge grüblerische Gedanken in den Hintergrund treten.

Sie sollten sich generell darum bemühen, auch allen anderen Dingen in Ihrem Leben die nötige Aufmerksamkeit zu schenken. Schwierige Situationen, Druck und Nöte sind nur ein Teil unseres Lebens. Gewiß, dieser Ratschlag ist gerade dann schwer zu befolgen, wenn eine Belastung so groß ist, daß das gesamte Leben davon vereinnahmt scheint. Treten Sie gerade dann bewußt zu anderen Menschen in Kontakt, oder beschäftigen Sie sich mit solchen Dingen, die mit Ihren Sorgen nichts zu tun haben.

c) Positive Selbstgespräche

Wir befinden uns in einem ständigen inneren Monolog mit uns selbst. Wenn wir wach sind, beschäftigen wir uns die ganze Zeit über mit Bildern, Sätzen oder auch nur Satzfragmenten. Wir denken beispielsweise darüber nach, was wir als nächstes unternehmen wollen, wie etwas zustande kam, was wir morgen kochen sollen und vieles mehr. Fühlen wir uns stärker belastet, neigen wir dazu, uns wesentlich mehr gedanklich mit uns und unseren Problemen auseinanderzusetzen. Häufig urteilen wir dann abwertend und zu negativ über uns und unsere Situation. Deshalb sollten positive Aspekte bewußt mitbedacht werden. Sagen Sie sich Sätze wie beispielsweise »Ich schaffe das schon« oder »Ich bin auch so gut wie andere« immer wieder vor. Diese positiven Gedanken erhellen unsere Grundstimmung. Im Autogenen Training finden sich solche sogenannten intensionalen Formeln wieder, die gezielt der Verhaltensänderung dienen. Sie werden in den Übungsablauf eingebettet und können durch die Entspannungswirkung des Autogenen Trainings besser umgesetzt werden.

d) Abreaktion

Eine kurzfristige Erleichterung unserer Belastungen erreichen wir, indem wir uns abreagieren. Das populärste Beispiel hierfür ist Sport. Durch die körperliche Anstrengung werden Streßhormone abgebaut, unsere Aufmerksamkeit wird auf die Bewegung gelenkt und führt uns weg von schlechten Gedanken – ähnlich wie bei der bereits erwähnten Wahrnehmungslenkung. Zusätzliche Vorteile bietet der Sport in der Gruppe, da spielerische und soziale Komponenten seinen positiven Einfluß verstärken. Die Harmonisierungseffekte von Bewegungen wirken sich in psychosomatischer Hinsicht auch auf unsere seelische Verfassung aus. Das lateinische Sprichwort »Ein gesunder Geist wohnt in einem gesunden Körper« beschreibt genau diesen Zusammenhang.

Langfristige Streßbewältigungsstrategien

Soll eine übermäßige Streßbelastung dauerhaft abgebaut werden, ist auf lange Sicht eine andere Lebensführung vonnöten. Dabei handelt es sich keineswegs immer um aufwendige, tiefe Veränderungen im Leben. Manchmal reicht es schon aus, neue Sichtweisen auszuprobieren oder den eigenen Lebensentwurf zu überdenken. Eine der wichtigsten und wirksamsten Veränderungen stellt das Erlernen des Autogenen Trainings dar, darüber erfahren Sie später mehr. Erläuterungen zu anderen Entspannungstechniken finden Sie in Kapitel IX. An dieser Stelle folgen nun einzelne Streßbewältigungsstrategien, mit denen Sie langfristige Veränderungen erreichen können.

a) Zeitmanagement

Häufig können Sie sich schon dadurch entlasten, daß Sie die Einteilung der Arbeitszeit im Beruf oder zu Hause überdenken und neu strukturieren. Vielleicht entdecken Sie auch Ungleichheiten bei der Aufgabenverteilung zwischen Ihnen und Ihren Kollegen oder innerhalb Ihrer Familie. Geben Sie einige Ihrer Aufgaben ab, wenn Sie Ihr Pensum nicht bewältigen können. Vergessen Sie nicht den Grundsatz »Eins nach dem anderen«.

Tip
Lernen Sie Autogenes Training nicht, um noch mehr Arbeit in kürzerer Zeit schaffen zu können, sondern reduzieren Sie zunächst den Streß. Die gesteigerte Leistungsfähigkeit, die durch diese Entspannungstechnik entsteht, stellt sich allmählich ein und sollte nicht von Anfang an verplant werden.

b) Problemlösungen

In praktisch allen Lebensbereichen können Probleme auftreten, doch immer besteht auch die Möglichkeit, den Streß zu reduzieren. Denken Sie intensiv darüber nach, auf welche Weise Sie Ihre Schwierigkeiten lösen könnten, z. B. durch ein klärendes Gespräch unter Kollegen oder eine Aussprache mit Ihrem Partner. Ebenso hilft – je nach Problemstellung – eine Schuldenberatung, die sorgfältige Planung von Projekten oder die Organisation der Kinderbetreuung während der Berufstätigkeit. Bei unüberwindlichen Problemen empfiehlt es sich, den Rat einer Fachkraft einzuholen, wenn Sie selbst zu keinem Ergebnis kommen. Das Autogene Training bietet keine direkte Lösung Ihrer Schwierigkeiten, es eignet sich jedoch in fast allen Fällen dafür, bestehende Belastungen und Anspannungen zu vermindern.

c) Einstellungsänderung

Wie bereits erwähnt, bemerkte schon der Philosoph Epiktet treffend, daß »nicht die Dinge selbst den Menschen beunruhigen, sondern die Meinungen und Urteile des Menschen über diese Dinge«. Häufig sind es also nicht die Probleme an sich, die uns belasten, sondern unsere Einstellungen, Sorgen und Ängste, die wir ihnen gegenüber entwickeln.

Wenn wir bedenken, daß andere Menschen unsere Situation völlig anders bewerten würden, wird es uns möglich, unsere Sicht zu hinterfragen. Im Idealfall stellen wir dann fest, daß die eine oder andere Sorge unbegründet ist, da sie nur in unserer Vorstellung existiert und nicht in der Realität. In der modernen Psychologie wird eine solche Änderung der Sichtweise als Reframing bezeichnet. Das bedeutet, daß ein Problem in einen anderen Rahmen (engl.: frame) gestellt wird und durch eine veränderte Betrachtungsweise eine andere Bedeutung erhält. So können leichter neue Lösungsansätze gefunden werden, als wenn Schwierigkeiten ständig aus dem gleichen Blickwinkel gesehen werden. Einen ähnlichen Mechanismus haben wir auch als Deautomatisierung im vorhergehenden Kapitel kennengelernt.

Tip

Geben Sie sich selbst die Möglichkeit, Sichtweisen zu verändern, indem Sie die jeweiligen Situationen aus unterschiedlichen Perspektiven betrachten.

d) Zufriedenheitserlebnisse

Jeder Mensch will seine Ziele erreichen und geachtet werden. Wenn sich in einer Lebensphase wenige oder keine Erfolgserlebnisse einstellen und deshalb das Gefühl des Versagens entsteht, erhöht dies zusätzlich die Belastung. Um dem entgegenzuwirken, sollten Sie Unternehmungen planen, die Ihnen Freude bereiten und Erfolge sichern. Bauen Sie sich selbst bewußt auf und setzen Sie ein Gegengewicht zu frustrierenden Erfahrungen. Laden Sie Freunde ein, kochen Sie Ihre Lieblingsgerichte, oder spielen Sie ein Instrument. Sie könnten auch eine Sportart wieder aktivieren, wenn Sie daraus Freude und Achtung für sich gewinnen. Oder betätigen Sie sich sozial.

Tip

Wenn Sie eine solche Betätigung bisher nicht gefunden haben, suchen Sie unbedingt danach. Es ist für unsere Seele wichtig, daß wir befriedigende Erlebnisse haben, erst recht, wenn diese in anderen Bereichen (Beruf, Partnerschaft u. ä.) ausbleiben. Zufriedenheitserlebnisse werden dem Eustreß zugeordnet.

e) Fertigkeiten

Eine weitere langfristige Verbesserung im Umgang mit Belastungen erreichen Sie durch den Erwerb von zusätzlichen Fertigkeiten. Dabei kann es sich zum einen um berufliche Kenntnisse oder handwerkliche Fähigkeiten handeln, mit deren Hilfe Sie es schaffen, Aufgaben zu erfüllen und Überforderungen zu vermeiden. Zum anderen können es solche Eigenschaften sein, mit denen Sie lernen, Streß und Schwierigkeiten allgemein besser zu verarbeiten. In erster Linie wird dies durch das Autogene Training gewährleistet. Darüber hinaus bieten sich Selbstsicherheitstrainings, Selbsthilfegruppen oder Psychotherapien sowie andere Bildungsangebote an, durch die wir unsere persönlichen Fertigkeiten vertiefen können. Hierzu gehören auch Kurse im künstlerischen Bereich, in denen Sie lernen, sich auszudrücken und Ihrer Phantasien freien Lauf zu lassen. Dieser Aspekt dient ebenfalls zur Verbesserung der Streßbewältigung.

Tip
Denken Sie darüber nach, in welchem Bereich Sie sich neue Fertigkeiten aneignen wollen. Probieren Sie Dinge aus, bis Sie gefunden haben, was Ihnen Spaß macht und Sie fördert.

7. Anpassungsleistung an Lebensereignisse: ein Fragebogen

Die beiden amerikanischen Forscher Holmes und Rahe haben 1974 einen »Lebensereignis-Fragebogen« entwickelt, der auf der Grundlage von Erkenntnissen von Dr. Harold G. Wolff vom Cornell Medical Center in New York erstellt wurde. Obwohl dieser Fragebogen nun schon über zwanzig Jahre alt ist, hat sich seine Gültigkeit in mehreren Untersuchungen auch für unsere Zeit bestätigt. Dieser Lebensereignis-Fragebogen ermöglicht die quantitative Einschätzung der Anpassungsleistung eines Menschen. Die beiden Forscher haben herausgefunden, daß Live-Change-Events (LCE), so der Fachbegriff für lebensverändernde Ereignisse, in jedem Fall eine Anpassung des Menschen an die neue Situation erfordern. Dies beinhaltet immer eine Neuorientierung; die damit verbundenen persönlichen oder sozialen Veränderungen sind häufig von Angst begleitet. Deshalb kann man davon ausgehen, daß ein solcher Prozeß für den Körper und die Seele grundsätzlich eine Anstrengung darstellt.

Für den Fragebogen wurde die jeweilige Anpassungsleistung in einer bestimmten Situation in Punktwerte umgerechnet, wodurch ein Vergleich möglich wird. Zudem lassen sich die einzelnen Punktwerte addieren, um eine Anhäufung einschneidender Ereignisse innerhalb eines Jahres einschätzen zu können. Ergibt sich bei der Addition der Anpassungsleistungspunkte eine hohe Summe, steigt die Wahrscheinlichkeit, im darauffolgenden Jahr zu erkranken.

Anleitung für den Lebensereignis-Fragebogen
Für die Berechnung des aktuellen Punktestands Ihrer bisherigen oder momentanen Anpassungsleistung werden alle Lebensereignisse der letzten zwölf Monate in Punktwerte umgerechnet, die Sie dann addieren. Gehen Sie dabei folgendermaßen vor: Schauen Sie die Liste der Lebensereignisse Punkt für Punkt durch. Suchen Sie nach solchen Erlebnissen, die bei Ihnen in den letzten zwölf Monaten eingetreten sind. Notieren Sie den jeweiligen Punktwert, der in der Liste angegeben ist. Rechnen Sie alle Werte zusammen, und lesen Sie dann in der Auswertung unter Ihrer Punktzahl nach.

Der Lebensereignis-Fragebogen von Holmes und Rahe

Biographisches Ereignis	Anpassungsleistung in Punkten
1. Tod des Ehe-/Lebenspartners	100
2. Scheidung	73
3. Trennung vom Partner	65
4. Gefängnisstrafe	63
5. Tod eines nahen Angehörigen	63
6. Persönliche Verletzung oder Krankheit	53
7. Heirat	50
8. Kündigung	45
9. Eheliche Wiederversöhnung	45
10. Pensionierung	45
11. Veränderter Gesundheitszustand eines Familienmitglieds	44

12.	Schwangerschaft	40
13.	Sexuelle Schwierigkeiten	39
14.	Hinzukommen eines weiteren Familienmitglieds	39
15.	Gesellschaftliche Neuorientierung	39
16.	Veränderter finanzieller Status	38
17.	Tod eines nahen Freundes	37
18.	Berufswechsel	36
19.	Geänderte Häufigkeit von Auseinandersetzungen mit dem Ehe-/Lebenspartner	35
20.	Darlehen über 25 000 DM	31
21.	Vorzeitige Kündigung eines Darlehens	30
22.	Veränderte Verantwortung bei der Arbeit	29
23.	Sohn oder Tochter verlassen das Heim	29
24.	Schwierigkeiten mit Verwandten	29
25.	Außergewöhnliche persönliche Erfolge	28
26.	Ehe-/Lebenspartner beginnt oder beendet Arbeit	26
27.	Beginn oder Ende der Schulzeit	26
28.	Aufgabe persönlicher Gewohnheiten	25
29.	Geänderte persönliche Einstellungen	24
30.	Schwierigkeiten mit dem Chef	23
31.	Veränderte Arbeitszeiten oder -bedingungen	20
32.	Umzug	20
33.	Veränderungen in der Schule/Ausbildung	20
34.	Veränderungen im Freizeitbereich	19
35.	Veränderung in kirchlichen Aktivitäten	19
36.	Veränderung in sozialen Aktivitäten	18
37.	Darlehen weniger als 25 000 DM	17
38.	Veränderte Schlafgewohnheiten	16
39.	Geänderte Häufigkeit familiärer Zusammentreffen	15
40.	Veränderte Eßgewohnheiten	13
41.	Ferien	13
42.	Weihnachten	12
43.	Kleinere Gesetzesverstöße	11

Auswertung

0–150 Punkte

Sie haben eine gute und richtige Streßbelastung. Sie sind wahrscheinlich weder über- noch unterfordert. Sie brauchen gesundheitliche Schäden, die durch Streß verursacht werden, kaum zu befürchten.

151–300 Punkte

Sie tragen bereits ein mittleres Risiko, innerhalb des nächsten Jahres streßbedingt zu erkranken. Sie sollten Ihre Belastungen verringern und genau analysieren, welche Ereignisse Sie in diese Situation gebracht haben. Außerdem sollten Sie Entspannungsmethoden erlernen und regelmäßig ausüben.

Über 301 Punkte

Sie tragen ein sehr hohes Risiko, streßbedingt zu erkranken. Im letzten Jahr haben Sie sehr viele einschneidende Ereignisse hinnehmen müssen. Vermeiden Sie unbedingt weitere Belastungen und Veränderungen. Sie sind auf dem besten Weg, sich völlig zu verausgaben. Deshalb sollten Sie unbedingt mit einem Arzt oder Psychologen darüber sprechen, wie Sie Ihren Streß und so Ihr Erkrankungsrisiko verringern können. Sie sollten dafür Entspannungsverfahren in Betracht ziehen und dabei insbesondere das Autogene Training als eine Möglichkeit berücksichtigen.

Achtung!
Verstehen Sie die Erkrankungswahrscheinlichkeit, die sich aus diesem Fragebogen ergibt, aber *nicht* als unausweichliche Folge, die Sie hinzunehmen haben. Betrachten Sie dieses Ergebnis eher als Warn-

hinweis. Ein hoher Punktewert sollte Sie aufhorchen und Ihre Lebenssituation genauer betrachten lassen. Erkennen Sie die Gefahren, damit Sie den Belastungen gezielt entgegenwirken können.

Beispiel

Frau Meier befindet sich seit kurzer Zeit im Ruhestand, eine veränderte Lebenssituation, die für sie nicht einfach hinzunehmen ist. Deshalb übernimmt sie ehrenamtlich soziale Tätigkeiten. Dies ist der Grund für die häufigen Streits mit ihrem Mann, der gegen ihre neuen Aktivitäten ist. Vor einigen Monaten mußte Frau Meier zudem ihre Ernährung umstellen, da bei ihr Diabetes diagnostiziert wurde. Weitere Veränderungen brachte der Umzug der Familie mit sich. Frau Meier berechnet ihre Anpassungsleistungspunkte:

Ereignis	Punkte
1. Ruhestand/Pensionierung von Frau Meier	45
2. Veränderung der finanziellen Situation	38
3. Einstieg in soziale Aktivitäten	18
4. Anstieg der Auseinandersetzungen in der Partnerschaft	35
5. Schwerwiegende Krankheit (bei Frau Meier Diabetes)	53
6. Umstellung der Eßgewohnheiten	15
7. Umzug	20
8. Weihnachten	12
Summe:	236

Der Punktestand von Frau Meier ist mit insgesamt 236 Anpassungsleistungspunkten zu hoch (siehe Auswertung). Sie trägt bereits ein mittleres Risiko, streßbedingt zu erkranken. Deshalb sollte sie mit einem Arzt über die Gesundheitsrisiken und mögliche Vorsorgemaßnahmen sprechen. Das Autogene Training kann in ihrem Fall eine wertvolle Hilfe sein.

Streß läßt sich in der Tat nicht exakt objektiv messen. Die Bewertungen der Anpassungsleistungen sind das Ergebnis vieler Untersuchungen, stellen aber keine allgemeingültigen Richtwerte dar. Ihr subjektives Gefühl entscheidet darüber, ob beispielsweise veränderte Lebensbedingungen oder Eßgewohnheiten langfristig belastend sind oder nicht. Ereignisse, die nicht auf dieser Liste genannt werden, die Sie jedoch als einschneidend empfunden haben, müssen zusätzlich berücksichtigt werden. Trotz dieser Ungenauigkeiten ist dieser Lebensereignisfragebogen sehr gut geeignet, um eine innere Auseinandersetzung mit den Themen Streß, Belastung und Gesundheit auszulösen. Diese sollte stattgefunden haben, bevor Sie mit dem Erlernen des Autogenen Trainings beginnen.

II. Allgemeines zum Autogenen Training

Das Autogene Training ist von einer beeindruckenden Einfachheit und Wirkung. Es läßt sich mit den viel traditionsreicheren, oft jahrtausendealten fernöstlichen Methoden der Versenkung vergleichen. Das Autogene Training erfreut sich hier in Europa einer wachsenden Beliebtheit und Akzeptanz, nicht zuletzt deshalb, weil es unserem eigenen Kulturkreis entspringt und deshalb keiner fernöstlichen oder sogar esoterischen Annahmen bedarf, sondern ideologisch frei und für jeden zugänglich ist.

1. Geschichte des Autogenen Trainings

Bereits in der Antike nutzten die Griechen Versenkungs- und Entspannungstechniken zur Heilung von Krankheiten. So versetzten die Priester des Asklepios, des griechischen Gottes der Heilkunde, ihre Patienten in einen Heilschlaf, um anschließend mittels einer Traumdeutung deren Gesundung zu erreichen. Ein weiser Kentaur lehrte Asklepios diese Art der Heilkunst, mit der es ihm sogar gelang, Menschen wieder zum Leben zu erwecken. Diese Macht mißfiel Zeus, und daher tötete er Asklepios durch einen Blitz. Doch das griechische Volk glaubte weiterhin an die Fähigkeit des Asklepios. Ganze Tempelanlagen standen für die Priester und ihre Patienten zur Verfügung, in denen ein regelrechter Kurbetrieb herrschte. Viele spätere medizinische Schulen gehen auf diese Tempelmedizin zurück, die die meditative Versenkung, den Schlaf und den Traum als zentrale Elemente beinhaltete.

Bereits in dieser Zeit sprach der berühmte, griechische Arzt Hippokrates (460–370 v. Chr.) von psychosomatischen Zusammenhängen. In den folgenden Jahrhunderten vertiefte man diesen Ansatz jedoch nicht wesentlich. Im Mittelalter entwickelte sich die Medizin zu einem Sammelsurium unterschiedlichster Sichtweisen und teilweise obskuren Anschauungen.

Insgesamt herrschte in der abendländischen Medizin eine eher mechanistische und organische Betrachtungsweise vor, in der psychosomatische Zusammenhänge nur eine untergeordnete Rolle spielten. Erst gegen Ende des 19. Jahrhunderts wurden Verbindungen zwischen körperlichen und psychischen Vorgängen eingehender untersucht. Damit wurden die für Hypnose und Autogenes Training notwendigen Grundlagen geschaffen. Erst 1922 wurde der Begriff der »psychosomatischen Medizin« von F. Deutsch eingeführt. Viele Wissenschaftler begannen nun, Alternativen zu den gängigen Heilmethoden zu suchen. Neue Theorien entstanden, und berühmte Forscher und Forscherinnen wie Sigmund Freud, Maria Montessori und Iwan Pawlow veröffentlichten bahnbrechende Erkenntnisse aus den Bereichen Pädagogik, Medizin, Psychologie und der noch jungen Psychosomatik. Die Zusammenhänge zwischen Psyche und Körper wurden nun systematisch untersucht, und es entstanden in jener Zeit unter anderem die Psychoanalyse sowie die Hypnose. Diese beiden Therapieformen bildeten die Grundlagen für das Autogene Training, das der deutsche Nervenarzt *Johannes Heinrich Schultz* (1884–1970) in mehrjähriger Forschungsarbeit entwickelte.

Johannes Heinrich Schultz stammte aus einer westfälischen Pastoren- und Hugenottenfamilie. Zeitgenossen berichten, daß die Übungsanleitungen von Schultz sehr »preußisch« und »zackig« gewesen seien. Im Lauf der Entwicklung wich dieser harte Umgangston, und die Anleitungen durch den Trainer änderten sich zugunsten einer größeren Freiheit für die Übenden, die so einen eigenen Stil entwickeln konnten.

Wie Freud arbeitete Schultz zunächst mit der klassischen Hypnose nach Hyppolite Bernheim. Doch dann entdeckte der bedeutende Hypnoseforscher Oskar Vogt (1870–1959), daß sich seine Patienten *selbst* in eine Hypnose versetzen konnten und dabei eine Umschaltung vornahmen, die ihnen selbst nicht ganz klar war.

Schultz stellte nach zahlreichen Hypnosebehandlungen fest, daß fast alle Teilnehmer ihre Gliedmaßen, vor allem die Arme, während der Behandlung als angenehm schwer und warm empfanden. Außerdem berichteten seine Klienten, daß sie sich nach der Hypnose körperlich erholt und entspannt fühlten. Diese Empfindungen stellten sich automatisch ein, Schultz hatte hierfür keine Anweisungen gegeben. Die Entspannung der Muskeln und Gefäße erlebten die unter Hypnose Stehenden als Schwere und Wärme. Dies konnte nur möglich sein, so die Annahme von Schultz, weil sich durch die Hypnose nicht nur die Psyche, sondern auch der Körper entspannte.

Schultz ging daraufhin der Frage nach, ob sich in umgekehrter Weise durch eine körperliche Entspannung auch eine psychische erreichen ließe. Er entwickelte daraufhin für seine Patienten eine Selbsthypnose (Autohypnose) mit diesem Ziel, bei der seine Patienten »unter klarer, eigener Leitung« diese Versenkung vornahmen. Hierfür entwickelte er Formeln, die die Klienten selbst zur körperlichen Entspannung anwenden konnten. Dadurch verminderte er seine beeinflussenden Anweisungen (Heterosuggestion) und verstärkte die nicht-fremdsuggestive Anleitung (Autosuggestion). Auf diese Weise ermöglichte er den Patienten die Autohypnose.

Den ersten Kurs für das Autogene Training veranstaltete Schultz im Herbst 1924 an der Lessing-Hochschule in Berlin, seither wird das Erlernen dieser Technik regelmäßig angeboten. In den darauffolgenden Jahren veröffentlichte Schultz mehrere Artikel über das Autogene Training in medizinischen Fachzeitschriften und trug so zur Verbreitung seines Verfahrens in der Fachwelt bei.

Nach mehrjähriger Entwicklungs- und Erfahrungszeit stellte er 1926 sein neu entwickeltes psychotherapeutisches Verfahren, die autogenen Organübungen, der breiten Öffentlichkeit vor. 1927 änderte er die Bezeichnung für diese Technik in Rationalisiertes Autosuggestives Training um. Den bis heute verwendeten Begriff des Autogenen Trainings prägte er mit der Veröffentlichung des gleichnamigen Standardwerks im Jahr 1932.

Zunächst umfaßte das Autogene Training drei Grundübungen, mit denen Ruhe, Schwere und Wärme erzeugt werden sollten. Schultz erweiterte diese dann um vier weitere Organübungen, mit denen man vegetative Prozesse im Körper beeinflussen kann, die normalerweise nicht bewußt gesteuert werden können. Dabei handelt es sich um Übungen für das Herz, den Atem, den Bauchraum und die Stirn. Daran schließt sich als Fortführung und Vertiefung die Oberstufe an. Seit der Veröffentlichung des Standardwerks über diese Technik hat sich das Autogene Training kontinuierlich weiterentwickelt und gilt inzwischen als weit verbreitetes Verfahren. Die Wirksamkeit des Autogenen Trainings wurde in Hunderten von Studien belegt, und es wird als zuverlässige Entspannungsmethode in der ganzen Welt praktiziert.

2. Für wen ist das Autogene Training gedacht?

Grundsätzlich ist Autogenes Training für jeden erlernbar, vorausgesetzt, man besitzt genügend Suggestibilität und bringt eine ausreichende Übungskonstanz über wenigstens mehrere Wochen auf. Wer das Autogene Training autodidaktisch nur mit Hilfe von Büchern erlernen möchte, braucht ein hohes Maß an Selbstdisziplin.

Beim Erlernen des Autogenen Trainings spielen Geschlecht und Alter nur eine untergeordnete Rolle. Kinder und Jugendliche sollten jedoch einen Entwicklungsstand erreicht haben, der sie die verbalen Anweisungen verstehen läßt. Ab dem neunten bis zehnten Lebensjahr sind die Voraussetzungen für das Autogene Training meistens vorhanden. Um der Denk- und Erfahrungswelt der Kinder gerecht zu werden, gibt es für sie Variationsmöglichkeiten des Autogenen Trainings. Werden noch kindgerechtere Verfahren eingesetzt, beispielsweise Phantasiereisen oder Entspannungsspiele, können auch jüngere Kinder an Entspannungstechniken herangeführt werden. Es bedarf hierzu aber einer speziellen Vorgehensweise des Übungsleiters. Das Autogene Training kann für Kinder unter neun Jahren zu abstrakt sein und sogar Ängste auslösen, da sie nicht so gut einschätzen können, was in ihnen vorgehen soll. Der Übungsleiter muß sich daher an den kindlichen Fähigkeiten orientieren und dementsprechend behutsam vorgehen. Grundsätzlich sollte beim Autogenen Training mit Kindern die Phantasie stärker im Vordergrund stehen. Konkrete Vorschläge hierfür finden Sie in Kapitel VII.

Sind Sie gesund, können Sie mit dem Autogenen Training sofort beginnen. Sie sollten nur vorab klären, auf welche Weise Sie diese Technik erlernen wollen. Menschen mit körperlichen Krankheiten oder seelischen Störungen müssen vor Trainingsbeginn mit ihrem Arzt darüber sprechen, inwieweit für sie das Autogene Training zu empfehlen ist. Unter Umständen eignet es sich als Ergänzung zur aktuellen Therapie, es kann aber auch sein, daß Einschränkungen zu berücksichtigen sind. Es gibt allerdings nur wenige Gegenanzeigen (Kontraindikationen), bei denen das Autogene Training nicht angewendet werden sollte. Diese werden in Kapitel VIII eingehend beschrieben.

Für manche Menschen ist es einfacher, zunächst mit anderen Techniken, z. B. mit der Progressiven Muskelentspannung (s. Kapitel IX), die Wahrnehmung der Entspannung zu entwickeln. Andere Menschen wiederum können nur sehr wenig mit dem Autogenen Training anfangen. Für sie kommen dann alternative Entspannungsverfahren oder ganz andere Betätigungen, beispielsweise künstlerischer oder musischer Art, als Anti-Streß-Programm in Betracht.

Zu den Entspannungsverfahren können unterschiedlichste Beschäftigungen gerechnet werden, die sinnvoll zur Streßreduktion beitragen. Das können Spaziergänge sein, Sport, Basteln, Musizieren, Lesen und vieles mehr. Die meisten von uns verfügen über eine oder mehrere Möglichkeiten, sich wirksam zu entspannen. Der Vorteil des Autogenen Trainings gegenüber diesen Alltagsentspannungen liegt in der ausgeprägten Zuverlässigkeit durch regelmäßiges Training. Darüber hinaus bietet es gesundheitliche Vorteile, da mit dieser Technik verschiedene Körperreaktionen reguliert werden können.

3. Wer finanziert das Autogene Training?

Kosten für das Autogene Training entstehen ausschließlich durch die Kursgebühren. Weitere Ausgaben fallen nicht an, es sei denn, man kauft sich aufwendige Matten, Bücher oder ähnliches. Die Kursgebühren selbst wurden bisher auf unterschiedliche Weise finanziert. Bis Anfang des Jahres 1997 gewährten üblicherweise die Krankenkassen Zuschüsse zwischen 80 und 100 Prozent. Einige Kassen boten sogar Kurse für ihre Mitglieder an. Der therapeutische und vorbeugende (präventive) Wert des Autogenen Trainings ist wissenschaftlich sehr gut gesichert, so daß dieses Entspannungsverfahren einen festen Platz in der Gesundheitsvorsorge einnahm. Die rechtliche Grundlage zu dieser Bezuschussungspraxis war bisher durch § 20 des V. Sozialgesetzbuchs (SGB V) gegeben, der die Krankenkassen zur Förderung der Gesundheitsvorsorge verpflichtet. Seit dem 1. 1. 1997 gelten jedoch veränderte Richtlinien zur Gesundheitsvorsorge. Das 1. Neuordnungsgesetz zur gesetzlichen Krankenversicherung (1. NOG) veränderte die Bedeutung des § 20 SGB V und damit die Bezuschussung vieler präventiver Angebote wie beispielsweise Rückenschulen, Progressive Muskelentspannung und eben auch das Autogene Training.

Jede Krankenkasse muß ihre Vorsorgeangebote seitdem nach betriebswirtschaftlichen Kriterien aus dem eigenen Etat finanzieren. Die angespannte Situation im Gesundheitswesen läßt daher erwarten, daß die Krankenkassen künftig nur noch sehr wenige Maßnahmen dieser Art bezuschussen werden, es sei denn, sie sind medizinisch begründet und ärztlich verordnet. Daher sollten sich Interessenten mit ihrem behandelnden Arzt besprechen. Welche Kosten von den Kassen übernommen werden müssen, wird ein Katalog regeln, den die Kassenärztliche Bundesvereinigung allerdings noch erstellen muß.

Nach wie vor gibt es Ärzte, Psychologen und andere Fachkräfte, die Autogenes Training für Gruppen oder Einzelpersonen anbieten und privat in Rechnung stellen. Man sollte jedoch die Preise für solche Kurse vergleichen, da kaum Richtlinien in diesem Bereich existieren. Das Einzeltraining kann teurer sein, vor allem, wenn es mit anderen Verfahren, beispielsweise psychotherapeutischen Methoden, verbunden wird und in eine Behandlung integriert ist. Über die Höhe der Gebühren entscheiden im wesentlichen die Qualifikation und die Profession des Trainers. Doch auch die Volkshochschulen bieten seit vielen Jahren Kurse in Autogenem Training an, die in der Regel von qualifizierten Leitern abgehalten werden und deren Preise erschwinglich sind.

4. Ziele des Autogenen Trainings

Ein Hauptziel des Autogenen Trainings besteht in der Wiederherstellung bzw. der Stabilisierung der vegetativen Balance. Ein durch anhaltende und starke Belastungen entstandenes Ungleichgewicht zwischen Sympathikus und Parasympathikus kann körperliche und seelische Folgen nach sich ziehen. Diesen Zustand nennt man in der Medizin vegetative Dystonie oder auch vegetatives Erschöpfungssyndrom.

Vegetatives Gleichgewicht

Wenn das sympathische und das parasympathische Nervensystem in idealer Weise zusammenarbeiten, spricht man von einem vegetativen Gleichgewicht. Beide Systeme steuern unsere Organe (z. B. die Verdauung und den Herzschlag) sowie unsere Hormonproduktion (z. B. die Hormone der Schilddrüse oder der Nebennierenrinde). Dabei überwiegt zeitweilig das eine oder andere System, jedoch bildet erst ihr Zusammenwirken ein gegenspielerisches (antagonistisches) System.

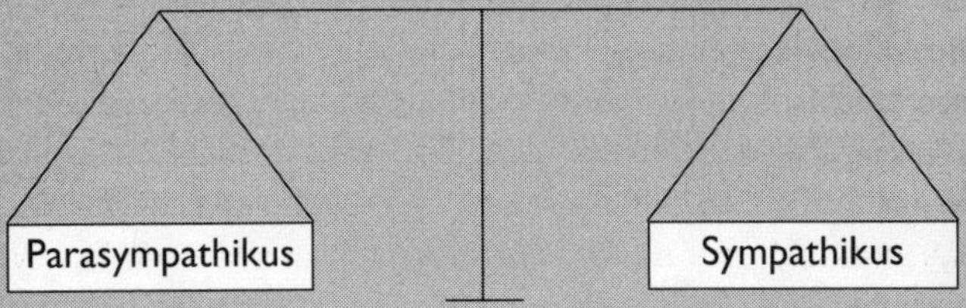

Mit diesen Diagnosen werden Befindlichkeitsstörungen bezeichnet, für die sich im speziellen Fall keine körperlichen Ursachen feststellen lassen. Als Symptome treten Schwindel, Nervosität, Schweißausbrüche, Zittern, Schlafstörungen, Unsicherheit, Ängste, Müdigkeit, Erschöpfung sowie Gefühle der Kraftlosigkeit und der inneren Unruhe auf. Mit dem Autogenen Training kann das vegetative Ungleichgewicht wieder in eine Balance gebracht werden. Die Übungen der Unterstufe aktivieren heilende Regulierungsmechanismen im Nervensystem.

Ein weiteres Ziel des Autogenen Trainings besteht in der sogenannten organismischen Umschaltung. Angestrebt wird eine Funktionsänderung in unserem Organismus, die mit dem Zustand vor dem Einschlafen verwandt ist. Der Körper wechselt dabei von der ergotropen in die trophotrope Phase. Das heißt, es kommen weniger die vom Sympathikus gelenkten Reaktionen der Energiebereitstellung (ergotroph) zum Einsatz, sondern eher die Erholungs- und Aufbaufunktionen (trophotrop) des Parasympathikus. Das ist der autogene Zustand. Es kommt dabei zu einer Senkung des Vigilanzniveaus, das heißt der Wachheit, der Bewußtseinslage. Diesen Vorgang erlebt der Übende als Ruhe, Entspannung und Erholung.

Ein anderes Anliegen des Autogenen Trainings besteht darin, willkürliche Prozesse (Anspannungen, Achten auf Symptome, Leistungsbereitschaft) in den Hintergrund treten zu lassen, damit die unwillkürliche Steuerung des vegetativen Nervensystems, beispielsweise die der Verdauung, ungehindert zur Geltung kommen kann.

III. Die Wirkungsweisen des Autogenen Trainings

1. Grundlagen

Der Begründer des Autogenen Trainings, der Nervenarzt Prof. Dr. Dr. Johannes Heinrich Schultz, erklärte den Grundgedanken des Autogenen Trainings folgendermaßen:

»Das Prinzip der Methode ist darin gegeben, durch bestimmte physiologisch-rationale Übungen eine allgemeine Umschaltung der Versuchsperson herbeizuführen, die in Analogie zu den älteren fremdhypnotischen Feststellungen alle Leistungen erlaubt, die den echten suggestiven Zuständen eigentümlich sind.«

In etwas einfacheren Worten formuliert, bedeutet dies, daß mit dem Autogenen Training eine moderne Methode geschaffen wurde, die es dem Menschen ermöglicht, mit körperlich-geistigen Übungen einen suggestiven und hypnotischen Zustand herbeizuführen. Der Unterschied zu älteren Verfahren (Hypnose) besteht darin, daß die Versuchsperson dies autogen (gr.: selbsttätig) bewirken kann und es keiner Einflußnahme von außen bedarf.

Doch was sind physiologisch-rationale Übungen, und wie soll man sich suggestive, hypnotische Zustände vorstellen? Mit den Antworten auf diese Fragen nähern wir uns den zentralen Elementen des Autogenen Trainings.

Autogenes Training ist eine Methode, bei der die Entspannung durch Konzentration und mit Hilfe vorgegebener Formeln von der Übungsperson selbst erzeugt wird. Diese Form der konzentrativen Selbstentspannung besteht aus zwei Phasen: der Unter- und der Oberstufe, auch Grund- und Aufbaustufe genannt.

In einer sitzenden oder liegenden Übungshaltung werden bestimmte Sätze, eben diese physiologisch-rationalen Formeln, wie Schultz sie nennt, von einem Übungsleiter vorgesprochen oder von dem Trainierenden selbst in seiner Vorstellung gedacht. Diese Formeln machen das eigentliche Wesen des Autogenen Trainings aus. Ihr Inhalt ist so gestaltet, daß sie eine tiefe körperliche und psychische Entspannung beim Übenden hervorrufen.

In der Unterstufe wird zunächst die organismische Umschaltung erreicht, das bedeutet, daß sich der Körper auf Ruhe und Erholung umstellt. Zur Unterstufe des Autogenen Trainings gehören auch spezielle Formeln, die vom Trainierenden ganz individuell entwikkelt werden können. Diese haben einen inhaltlichen Bezug zur jeweiligen Lebenslage des Trainierenden. Man nennt diese Methode autogene Modifikation. Mit diesen ganz speziellen Formeln kann man auf besondere Organprobleme eingehen oder unerwünschte Verhaltensweisen korrigieren. Ihre Wirksamkeit beruht auf dem Prinzip der Beeinflussung (Suggestion), hier speziell der Selbstbeeinflussung (Autosuggestion), durch die bestimmte vorgestellte Empfindungen wirksam werden können.

Suggestion

Jeder Mensch ist auf verschiedene Weise in seinem Handeln, Denken und sogar in seinem Fühlen beeinflußbar. Diese Beeinflussung der Gefühle eines Menschen ohne rationale Argumentation nennt man Suggestion. Dabei kann eigentlich jeder Reiz aus der Umwelt – Bilder, Musik, Sprache – eine suggestive Wirkung ausüben. In der Psychoanalyse wird die Bereitschaft des Menschen, sich von außen auch durch Irrationales beeinflussen zu lassen, affektive Resonanz genannt, also eine Gefühlsantwort des Menschen auf einen Reiz aus seiner Umwelt. Die Suggestionsbereitschaft stellt eine typisch menschliche Eigenschaft dar. Sie entsteht möglicherweise dadurch, daß die ersten Lebensjahre von einer Einflußnahme durch die Eltern und deren Regeln, Empfehlungen sowie Verbote geprägt sind, ohne daß deren Sinnhaftigkeit überprüft werden kann.

Es sind zwei Arten der Beeinflussung möglich. Zum einen existiert die *Heterosuggestion*, die von außen erfolgt, beispielsweise durch soziale Gruppen, Werbung oder Erziehung, zum anderen gibt es die *Autosuggestion*, die in einer Person aus eigenem Antrieb entsteht.

Der Begriff *Suggestibilität* bezeichnet die Bereitschaft und das Maß der Beeinflußbarkeit, die von Mensch zu Mensch variiert. Untersuchungen haben ergeben, daß diese Eigenschaft bei etwa zehn Prozent aller Menschen gering, bei 80 Prozent mittelmäßig und bei zehn Prozent stark ausgeprägt ist. Personen mit starker Suggestibilität verfügen über eine gute Voraussetzung sowohl für Hypnose als auch für das Autogene Training. Sie sind im allgemeinen sehr phantasievoll, zeigen ein großes Interesse an den Vorgängen in ihrem Inneren und haben keine Angst, vorübergehend die Kontrolle zu verlieren oder sich anderen zu überlassen.

Mit Hilfe der Autosuggestion lassen sich Empfindungen und Ideen, die zunächst nur in unserer Vorstellung existieren, tatsächlich in die Realität umsetzen. Das ist eine bemerkenswerte Leistung der menschlichen Psyche. Diesem Vorgang sind zwar Grenzen gesetzt, doch können unterschiedliche körperliche Vorgänge beeinflußt werden, die zunächst nicht steuerbar schienen. Beispielsweise ist es möglich, mit Hilfe solcher Vorstellungen das Schmerzempfinden zu vermindern, Bluthochdruck zu senken, aber auch Empfindungen wie Schwere und Wärme oder Gefühle von Leichtigkeit und Schweben bei einem Menschen zu erzeugen. Mit der Hypnose und dem Autogenen Training kann auf sehr viele Körperfunktionen eingewirkt werden.

Hypnose

Die heutige Hypnose hat längst den Ruf des Okkulten verloren und sich zu einer gut erforschten Therapieform entwickelt. In dem Zustand, der durch Hypnosetechniken hervorgerufen wird, können – unter Umgehung der rationalen Persönlichkeitsanteile – affektive Bereiche (z. B. Gefühle, innere Bilder) angesprochen und bearbeitet werden. Die Hypnose führt eine sehr tiefe Entspannung herbei, bei der das Bewußtsein und die Kontrolle des Hypnotisierten jedoch erhalten bleiben. Im Hypnosezustand kann ein Mensch schwer zugängliche Gefühle sowie Bewußtseinsinhalte erreichen, oder es können bestimmte Verhaltensweisen suggeriert werden. Dabei verhindert die sogenannte Strukturschranke in der Persönlichkeit, daß ein für die hypnotisierte Person unmoralischer Auftrag ausgeführt wird. *Es ist deshalb nicht möglich, jemanden in der Hypnose oder im Autogenen Training gegen seinen Willen handeln zu lassen.* Johannes Heinrich Schultz beschreibt die Wirksamkeit der Hypnose mit den folgenden Worten: »Wie beim Tagtraum kann ferner in diesen hypnotischen Zuständen die Kritik teilweise verringert werden. Daher werden Erlebnisse in der Hypnose besonders wirksam. Wird dem Hypnotisierten z. B. gesagt: ›Sie stehen in der heißen Sonne‹, so rötet sich das Gesicht, und er beginnt oft zu schwitzen. Ja, es gelingt bei Beeinflußbaren das Erleben so zu steigern, daß die Einbildung, der Hypnotisierte hätte eine heiße Münze auf der Hand, zu einer Hautverbrennung, zu einer richtigen Brandblase führen kann, und dies, obwohl die Münze in Wirklichkeit kalt ist.«

Milton Erickson, ein amerikanischer Arzt und Psychotherapeut, begründete nach dem Zweiten Weltkrieg die moderne Hypnotherapie, die sich zu einer anerkannten Psychotherapie entwickelt hat und sehr gute Resultate erzielt. Die Hypnose wird erfolgreich in der Schmerzbehandlung, bei der Behandlung psychosomatischer Beschwerden, bei Verhaltensstörungen, bei Ängsten sowie zur Bearbeitung verdrängter Bewußtseinsinhalte eingesetzt.

mendem Training wird sie stärker, und es ist möglich, sie sich innerlich vorzustellen. Ein Beispiel soll dies verdeutlichen: Wenn man versucht, sich an das Gefühl der Schwere in den Gliedern nach einer anstrengenden Arbeit zu erinnern, stellt sich nach geraumer Zeit und genügender Fokussierung tatsächlich dieses Gefühl ein.

Fokussierung

Fokussierung bedeutet die gezielte Ausrichtung der Aufmerksamkeit auf ein bestimmtes Ereignis. In diesem Brennpunkt (lat.: fokus) können auch bisher kaum wahrgenommene Gefühle empfunden werden. Diese sind beim Einstieg in das Autogene Training noch nicht so ausgeprägt. Es ist daher zu Anfang nötig, den Lärm der Welt abzuschalten, indem man sich zurückzieht, um sich mit sich selbst zu befassen. Die ruhige Umgebung, die dadurch geschaffen wird, beeinflußt die Stimmung.
Ist dies erreicht, wird es möglich, subtile Empfindungen zu spüren. Durch die Fixierung der Aufmerksamkeit nimmt die Wahrnehmung der Außenwelt ab, das Bewußtsein engt sich ein. Schultz sprach von einer Verleiblichung des Erlebens (Somatisierung), von einem Zustand der Versenkung, die sich nach innen richtet.

Durch diese Vorstellung von Körperreaktionen entsteht der sogenannte Carpenter-Effekt. Er beschreibt, daß es möglich ist, Empfindungen, die zunächst nur in der Vorstellung existieren, tatsächlich zu erzeugen.

Carpenter-Effekt

Innerlich vorgestellte körperliche Bewegungen können eine Art körperlichen Reflex auslösen. Man nennt diesen Mechanismus Carpenter-Effekt. Der englische Physiologe W. H. Carpenter entdeckte, daß jede Vorstellung einer Bewegung einen Antrieb im Körper hervorruft, diese tatsächlich zu vollziehen. Doch nicht nur Bewegungen können beeinflußt werden, sondern auch vegetative Funktionen. Dieser Reflex ist wirksamer, je stärker der Mensch mit seinen Gefühlen an diesen vorgestellten Bewegungen beteiligt ist. Ein Experiment veranschaulicht dies: Man bat einen Bauarbeiter, kräftig Sand zu schaufeln, und sein Kollege mußte ihm dabei zusehen. Bei beiden Arbeitern wurde nun – unter anderem – die Atemfrequenz gemessen, und es stellte sich heraus, daß auch der zusehende Kollege ins Schwitzen geraten war und fast die gleiche Atemfrequenz aufwies wie der schaufelnde Kollege. Das Mitfühlen mit dem Arbeitenden, die innere Vorstellung (Ideoplasie) der Bewegung und das Wissen um die Beschwerlichkeit dieser Tätigkeit ließen ihn fast genauso stark reagieren, als wäre er selbst bei der Arbeit.

Ein weiteres, kleines Experiment, das Sie selbst ausführen können, wird Ihnen die Wirksamkeit der Vorstellungskraft demonstrieren.

Zitronen-Experiment

Stellen Sie sich eine Zitrone vor, die Sie in Ihrer Hand halten. Betrachten Sie mit Ihrem inneren Auge die herrlich sonnengelbe Farbe und die kleinen Poren auf der Oberfläche. Nun schneiden Sie die Zitrone in Gedanken auseinander und blicken auf die Schnittflächen. Sie schälen die Schale in Gedanken etwas weiter ab und beißen in die Zitrone hinein. Merken Sie, wie Ihnen der Speichel im Mund zusammenläuft? Bei fast allen Menschen stellt sich unwillkürlich eine mehr oder weniger heftige Reaktion in Form einer Speichelüberproduktion ein. Ohne es zu wissen, haben Sie soeben das Grundprinzip des Autogenen Trainings angewandt. Allein durch die gedankliche Vorstellung haben Sie eine körperliche Reaktion hervorgerufen. Genau darauf beruht das Autogene Training: Durch die Vorstellung von Körperreaktionen werden diese auch ausgelöst. Für die Verwirklichung der Ziele des Autogenen Trainings gibt es natürlich speziellere Formeln, die so gewählt sind, daß sie eine optimale Wirkungssteigerung auslösen.

Die Wahrnehmung der Empfindung wird beim Autogenen Training in folgender Weise verstärkt: »Ja, ich spüre ein wenig, daß meine Arme schwer sind wie nach anstrengender Arbeit«. Diese kognitive Bestätigung bewirkt, daß das Gefühl deutlicher zu spüren ist, die Schwere wird stärker wahrnehmbar. Dies wiederum läßt dann die folgende Bestätigung zu: »Ja, ich spüre nun deutlicher, daß meine Glieder schwer werden«. Das abwechselnde Spüren und Bestätigen setzt einen Kreislauf in Gang, die speziellen Formeln des Autogenen Trainings regen diesen an. Dieser Vorgang folgt den Regeln der sogenannten self-fulfilling-prophecy, der sich selbst erfüllenden Prophezeiung.

Haben wir erst einmal eine Erwartungshaltung einem Ereignis gegenüber aufgebaut, schaffen wir damit die Voraussetzung für das tatsächliche Eintreten. Mit Hilfe eines inneren Monologs, in dem wir uns mit diesen Erwartungen auseinandersetzen, beeinflussen wir uns selbst. Stellt sich die entsprechende Empfindung ein, so bestätigt sich unsere Prophezeiung, und der Kreis schließt sich.

Der Placebo-Effekt

In der Medizin sind solche Reaktionen ohne erkennbaren äußeren Einfluß als Placebo-Effekt bekannt. Der Mensch produziert eine gewisse angestrebte Wirkung endogen (gr.: von innen kommend) und autogen.

Diese Wirkung zeigt sich beispielsweise bei Verabreichung eines vermeintlichen Schmerzmittels, das jedoch keinerlei Wirkstoffe enthält. Der Patient glaubt, ein echtes Medikament zu nehmen, und der Schmerz verschwindet. Die meisten dieser Placebos (lat.: ich werde gefallen) bestehen aus Zucker oder Milchzucker, vermischt mit Geschmacks- und Farbstoffen bzw. anderen harmlosen Zusätzen. Diese Leer- oder Scheinpräparate, wie sie auch genannt werden, wirken deshalb, weil sie die Selbstheilungskräfte anregen.

Man setzt diesen Placebo-Effekt bewußt ein, um Medikamentendosierungen zu reduzieren oder völlig zu ersetzen. Verschreibt der Arzt beispielsweise bei Kopfschmerz ein Placebo, lassen die Beschwerden in bis zu 60 Prozent aller Fälle nach. Neue Studien haben gezeigt, daß das Medikament Viagra, das zur Behebung männlicher Impotenz beitragen soll, bei 25 Prozent der Patienten mit dem gleichen Erfolg durch ein Placebo ersetzt werden kann. Aus diesem Grund müssen neue Medikamente einen Wirkungsgrad von mehr als 50 Prozent erreichen, denn bis zu diesem Wert können auch Placebos, oder besser gesagt, die körpereigenen

Selbstheilungskräfte wirksam werden. »Der Glaube versetzt Berge«, dieser Ausspruch zeugt von der schon sehr alten Kenntnis dieses Phänomens.

Placebos werden in der Schmerztherapie, beim zwanghaften Wunsch zu ärztlicher Behandlung, in der Psychopharmakatherapie und in der Arzneimittelforschung verwendet.

Ein Beispiel kann diese psychosomatischen Zusammenhänge verdeutlichen, die sich auch im Alltag finden lassen: Wer im Keller ein Lied pfeift, weil er sich ängstigt, handelt – ohne es zu wissen – autosuggestiv. Normalerweise pfeift man nur dann, wenn man guter Dinge ist. Fürchtet man sich aber beispielsweise in dem dunklen Keller, erinnert man sich daran, was man tut, wenn man fröhlich ist: pfeifen. Diese Tätigkeit vermittelt ein bestimmtes Gefühl, als Folge davon verringert sich die Angst, und die Stimmung verbessert sich. Auch hier entsteht der zuvor beschriebene Kreislauf, ein Wechselspiel zwischen geistiger Konzentration und körperlicher Reaktion, also eine Rückkoppelung, die verstärkend wirkt. Genau diesen Effekt nutzen die meisten Entspannungstechniken für ihre Mechanismen.

Das Autogene Training wirkt sowohl im physischen als auch im psychischen Bereich. Dabei werden beim Trainierenden einerseits körperliche Reaktionen, die teilweise nur er wahrnimmt, ausgelöst, andererseits treten objektiv meßbare Erscheinungen auf, z. B. eine Veränderung der Körpertemperatur oder der Atemfrequenz. Das Autogene Training beeinflußt die Psyche durch seine Entspannungswirkung und die dabei entstehenden inneren Bilder, deren Interpretation am besten in einer Gruppe mit einem erfahrenen Leiter vorgenommen werden sollte. In der Oberstufe ist diese Vorgehensweise obligatorisch.

2. Körperliche Reaktionen

Bei den folgenden Körperfunktionen und -vorgängen wurden tatsächliche Veränderungen durch das Autogene Training wissenschaftlich belegt:

- Neuromuskuläre Vorgänge,
- Hautleitwiderstand,
- Durchblutung und Körpertemperatur,
- Herzfunktion und Blutdruck,
- Atmung,
- Magen-Darm-Bereich,
- biochemische Abläufe,
- Funktionsweise des Gehirns.

Neuromuskuläre Vorgänge

Das Autogene Training kann eine deutliche Abnahme der Muskelaktionsspannung bewirken. Diese Reduktion findet nicht nur in den Extremitäten (Armen, Beinen) statt, mit denen trainiert wird, sondern sie wirkt sich auf den gesamten Körper aus. Das bedeutet, daß sich die Entspannung unter anderem auch auf die Stirnmuskulatur und die Speiseröhre auswirkt. Die Reflexstärke sinkt während des Autogenen Trainings, da sich die Reizintensitätsschwelle erhöht, es muß also ein stärkerer Reiz ausgeübt werden, um bestimmte Reflexe auszulösen.

Zu Beginn des Autogenen Trainings können unwillkürliche Muskelzuckungen (Myoklonien) auftreten, wie man sie auch vom Einschlafen her kennt. Diese sind harmlos und vermutlich auf den schnellen Abfall der muskulären Spannung zurückzuführen.

Auswirkungen des Autogenen Trainings auf den Körper

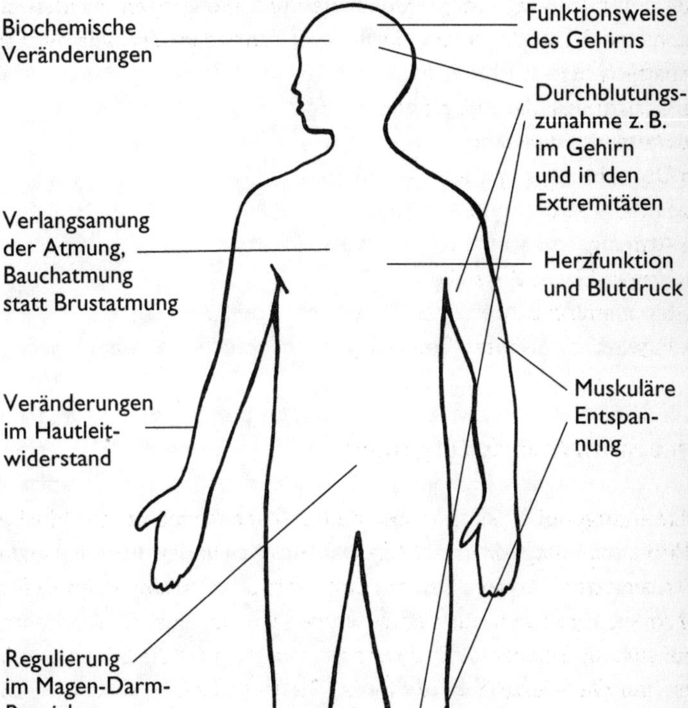

Hautleitwiderstand

Während der elektrische Hautleitwiderstand bei Erregung sinkt, kann er sich aufgrund von Entspannung erhöhen. Vor allem zu Beginn der Übungen werden solche Steigerungen meßbar. Ob das Autogene Training allerdings eine stärkere Zunahme des Hautleitwiderstandes bewirkt als andere Entspannungstechniken, ist noch nicht eindeutig geklärt.

Durchblutung und Körpertemperatur

Verschiedene Untersuchungen haben den Anstieg der Körpertemperatur im Verlauf des Autogenen Trainings eindeutig nachgewiesen. Sie erhöht sich nicht nur in den Armen und Beinen, was bewußt empfunden wird, sondern auch beispielsweise im Gehirn und im Magen. Dies läßt sich auf die Erweiterung der Blutgefäße – vor allem in den Extremitäten – und den dadurch verstärkten Wärmetransport durch das Blut zurückführen. Wahrnehmbar wird dies durch ein Prickelgefühl, das vor allem in den Fingern spürbar wird.

Herzfunktion und Blutdruck

Die Erweiterung der Blutgefäße läßt erwarten, daß sich der Blutdruck während des Autogenen Trainings etwas verringert. Bisher konnte jedoch nur eine Senkung bzw. eine Normalisierung des Blutdrucks bei Patienten mit einem schon bestehenden Hochdruck (Hypertonie) wissenschaftlich nachgewiesen werden. Eine langfristige Stabilisierung kann in diesem Fall mit Autogenem Training sehr wahrscheinlich erreicht werden, dies ist jedoch in erster Linie auf die Entspannungssituation insgesamt zurückzuführen. Die genauen Zusammenhänge zwischen dieser Technik und dem Blutdruck konnten bisher nicht eindeutig geklärt werden. Es ist anzunehmen, daß sich keine Änderungen ergeben, wenn nicht schon zuvor eine Abweichung von der Norm vorliegt.

Zur Herzschlagfrequenz (Puls) bestehen unterschiedliche Untersuchungsergebnisse. Vieles deutet darauf hin, daß das Autogene Training die Herzschlagfrequenz in Streßsituationen günstig beeinflussen kann.

Atmung

Während des Autogenen Trainings kommt es zu einer Verlangsamung der Atemfrequenz, wobei dieser Effekt bei Langzeittrainierten deutlicher auftritt als bei Kurzzeittrainierten. Die Dauer der Ein- und Ausatmungsphase nimmt zu, der Kohlendioxydgehalt der ausgeatmeten Luft steigt an. Durch die Übungen verändert sich auch die Qualität der Atmung. Die flachere Brustatmung, die als Zeichen von Anspannung und Erregung gewertet wird, weicht einer tieferen Bauchatmung, die während des Tiefschlafs und bei tiefer Entspannung einsetzt.

Magen-Darm-Bereich

Verschiedene Untersuchungen über die Tätigkeit des Magen-Darm-Bereichs während des Autogenen Trainings brachten folgende Ergebnisse: Während der Übungen steigert sich die Eigenbewegung des Darms (Darmmotilität), wodurch sich die Verdauungsfunktion verbessert. Oftmals sind diese vermehrten Darmbewegungen beim Ausführen der Übungen als Bauchgrummeln oder Magenknurren gut hörbar. Auch die Darmwanddurchblutung nimmt zu. Die Temperatur der Unterbauchdecke steigt leicht an, die Magendurchblutung erhöht sich. Zudem wurde eine Normalisierung der Säureproduktion des Magens bei bestehender Überfunktion beobachtet. Diese Wirkungen werden beim Autogenen Training durch die Konzentration auf den Plexus solaris, das Sonnengeflecht, erzielt. Die Vorstellung von Wärme erzeugt eine tatsächliche Erhöhung der Temperatur infolge der verbesserten Durchblutung.

Biochemische Vorgänge

Vor allem bei Langzeittrainierten bewirkt das Autogene Training Veränderungen im Stoffwechsel. Eine Reduzierung der Blutfette Cholesterin und der Triglyzeride konnte wissenschaftlich bestätigt werden. Da diese Regulierung längerfristig aufrechterhalten werden kann, wird Autogenes Training bei der Gefahr von Gefäßverengungen und dem damit verbundenen Herzinfarktrisiko empfohlen. Darüber hinaus konnte die Verringerung der Konzentration von Cortisol, einem Streßhormon der Nebennierenrinde, nachgewiesen werden, die mit Hilfe des Autogenen Trainings ebenfalls über einen längeren Zeitraum anhalten kann.

Funktionsweise des Gehirns

Schließt man Elektroden an bestimmten Stellen am Kopf an, so können Gehirnströme gemessen werden, die die jeweilige Art der Gehirnaktivität wiedergeben. Im wesentlichen gibt es vier verschiedene charakteristische Verläufe der Hirnstromkurven.

Während des Autogenen Trainings ändert sich die Funktionsweise des Gehirns. Aus dem EEG (Elektroenzephalogramm) läßt sich ablesen, daß das Gehirn während der Übungen Alphawellen produziert, die den während des Tiefschlafs auftretenden Deltawellen ähneln.

Im gewöhnlichen Wachbewußtsein können die sogenannten Betawellen abgelesen werden.

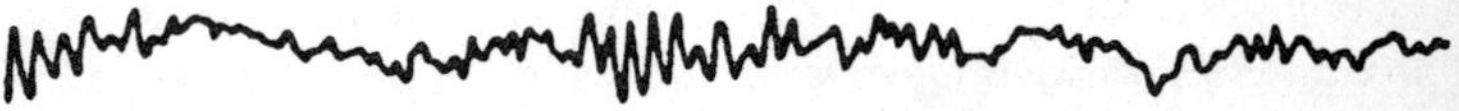

Betawellen treten vor allem bei kognitiver und emotionaler Anstrengung auf, der Betroffene nimmt entweder einen Normalzustand oder Angst, Bedrohung oder Erregung wahr. Ein EEG, bei dem gehäuft Betawellen auftreten, nennt man desynchronisiert.

Entspannen wir uns, verlaufen die Kurven in größeren Bewegungen und weicher, Alphawellen entstehen. Wir befinden uns in einem entspannten Wachzustand, ein solches EEG-Bild wird synchronisiert genannt.

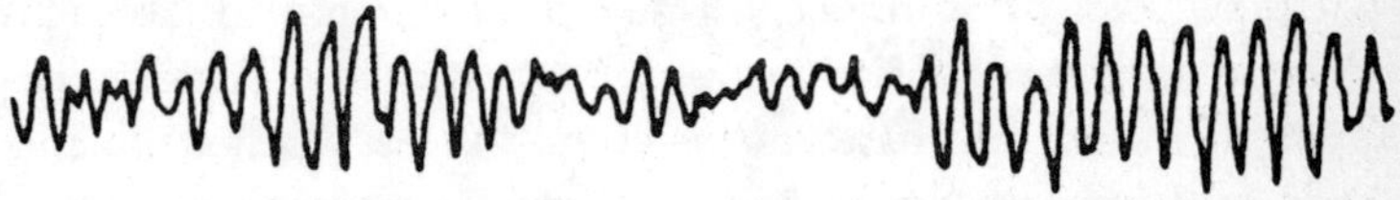

Dieser Grad der Gehirnaktivität, bei der Alphawellen erzeugt werden, ist das Ziel des Autogenen Trainings, dies ist aber nicht mit Schlaf zu verwechseln. Bei einer dritten Arbeitsweise des Gehirns werden die Thetawellen produziert. Sie treten bei leichtem Schlaf und in einem Dämmerzustand, dem sogenannten eingeschränkten Wachzustand, auf. Es wurde nachgewiesen, daß diese Theta-Aktivität bereits einsetzt, wenn wir uns von der aufrechten Haltung in eine liegende Position begeben.

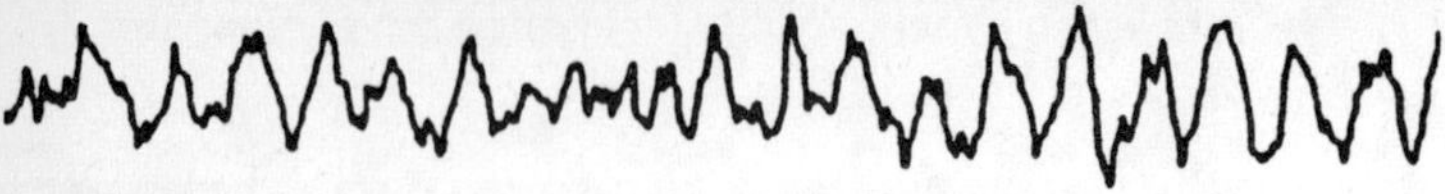

Im Tiefschlaf werden Deltawellen vom Gehirn produziert, die folgenden charakteristischen Kurvenverlauf aufweisen. Sie treten nicht bei tiefer Entspannung auf, diese beiden Zustände sind zu unterscheiden.

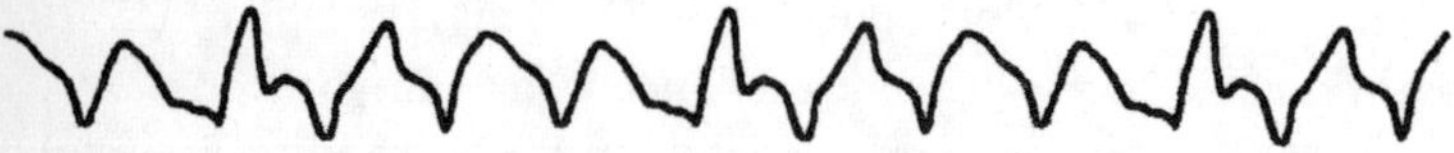

Bei Menschen, die eine Entspannungstechnik bereits beherrschen, zeigen sich Alphawellen, die ausgeprägter und gleichmäßiger sind als bei ungeübten Personen. Mit zunehmender Praxis weitet sich auch der Bereich im Gehirn aus, in dem diese produziert werden.

Dieses Stadium ist mit einer Trainingsdauer von mehr als sechs Wochen, auch Langzeittraining genannt, erreichbar. Das Kurzzeittraining umfaßt eine Phase von weniger als sechs Wochen. Im EEG wird der Unterschied zwischen Kurz- und Langzeittrainierten daran erkennbar, daß bei ersteren deutlich mehr Thetawellen abzulesen sind. Dies weist darauf hin, daß sie sich näher an der Grenze zum Einschlafen befinden.

Entspannung dagegen beschreibt einen Zustand zwischen Wachheit und Schlaf bzw. Schläfrigkeit, einen Bewußtseinszustand von zentraler Aktivierung und peripherer Entspannung, der der meditativen Versenkung sehr nahe kommt. Die dabei eintretende Veränderung der Gehirnaktivität ermöglicht die Einflußnahme auf den Körper. Wegen dieses Effekts setzt man das Autogene Training auch in der Schmerztherapie ein.

Körperliche Zeichen der Entspannung

Eine Vertiefung der Entspannung bewirkt körperliche Veränderungen, die für einen Beobachter sichtbar werden. Der Übende selbst nimmt diese in der Regel nicht wahr.

Der Unterkiefer sinkt leicht nach unten, unter Umständen öffnet sich dabei der Mund etwas. Das ganze Gesicht wirkt unverkrampft, ähnlich wie im Schlaf. Die Augenlider werden schwerer, und die Tränenflüssigkeit nimmt zu. Schließlich schließen sich die Augen ganz, ohne zusammengekniffen zu sein, so daß die Augäpfel sich langsam unter den Lidern bewegen können.

Die Stirn glättet sich, die Schultern sinken entspannt nach unten (in der Sitzposition). Die Finger sind leicht gekrümmt und nicht angespannt oder gespreizt. Die Atmung verflacht und verlangsamt sich nach und nach. In der Liegeposition drehen sich die Füße leicht nach außen. Die Arme liegen neben dem Rumpf, ein wenig vom Körper entfernt. Auch vermehrtes Schlucken, ausgelöst durch höheren Speichelfluß, und Darmgeräusche können beobachtbare und hörbare Zeichen der Entspannung sein.

3. Psychische Reaktionen

Grundsätzlich bewirkt das Autogene Training starke Veränderungen in der Psyche; J. H. Schultz selbst bezeichnete die Grundstufe des Autogenen Trainings als kleine Psychotherapie, die Oberstufe als große Psychotherapie. Vor allem die formelhaften Vorsätze und die Bearbeitung der inneren Bilderwelt bilden die Grundlage für einen therapeutischen Zugang zur Psyche. Vorsätze und Vorstellungen werden verwendet

- als Regulativ und zur Erholung;
- zur Dämpfung von überstarken Gefühlen;
- zur Beeinflussung von psychosomatischen Fehlregulationen;
- in der Schmerztherapie;
- zur Steigerung der Selbsterkenntnis;
- zur Stärkung der eigenen Fähigkeiten.

Das Autogene Training als Regulativ und zur Erholung

Das herausragende Merkmal des Autogenen Trainings liegt in der körperlichen und psychischen Entspannung. Dieser Erholungseffekt für Körper und Geist ist wissenschaftlich belegt. Anfängliche Irritationen (beispielsweise Halluzinationen oder bizarre Assoziationen) verlieren sich in der Regel mit zunehmender Übung. Der durch das Autogene Training erreichte Ruhezustand ist gegen störende Reize von außen nur wenig anfällig. Diese Art der Entspannung wird durch das Gefühl von Passivität und Erholung ergänzt, wodurch sich das allgemeine Wohlbefinden steigert. Langzeittrainierten ist es möglich, sich innerhalb kurzer Zeit zu entspannen, und sie können Streß sehr viel besser bewältigen.

Dämpfung überstarker Gefühle

Durch das Autogene Training ist es möglich, extreme Gefühle abzumildern. Man spricht hier von der Resonanzdämpfung der Affekte. Dabei wird nicht das Gefühlserleben insgesamt eingeschränkt, sondern überstarke, störende Gefühle, z. B. gesteigerte Ängstlichkeit oder depressive Zustände, können in ihrer Intensität reduziert

4. Psychosomatik und Autogenes Training

Im antiken Griechenland war bereits das Zusammenspiel zwischen der Psyche (gr.: Hauch, Seele, Atem) und dem Soma (gr.: Körper, Leib) bekannt. Der Begriff Psychosomatik beschreibt den wechselseitigen Einfluß zwischen Seele und Körper. Daß bei vielen Störungen psychosomatische Zusammenhänge bestehen, ist mittlerweile unumstritten, doch herrscht Uneinigkeit darüber, wie viele Krankheiten durch diese Wechselwirkung ausgelöst werden. Die meisten Untersuchungen weisen darauf hin, daß 25 bis 50 Prozent aller Krankheiten psychosomatische Ursachen haben, das heißt, jeder zweite bis vierte Patient wäre davon betroffen.

Nach neueren wissenschaftlichen Erkenntnissen muß der Begriff psychosomatisch vorsichtig verwendet werden, die Einstellungen und Erkenntnisse in diesem Bereich wandeln sich ständig. Beispielsweise war es bisher üblich, einen ausgeprägten psychosomatischen Zusammenhang zwischen Streß und Magengeschwüren (Ulkus) anzunehmen. Das führte sogar dazu, daß man von sogenannten Ulkuspersönlichkeiten sprach. Man ging davon aus, daß bei Menschen mit einer Neigung zu Magengeschwüren in Streßsituationen durch mangelhafte Streßbewältigung diese nahezu unausweichlich entstehen. Vor einigen Jahren entdeckten die Forscher jedoch ein Bakterium (Helicobacter pylori), das an nahezu allen Magengeschwüren beteiligt ist, und die Behandlungsmethoden veränderten sich. Durch die Verabreichung von Antibiotika lassen sich in vielen Fällen Rückfälle vermeiden.

Nimmt man ausschließlich psychische oder organische Ursachen bei einer Erkrankung oder Störung an, besteht jedoch eine sehr einseitige Sicht, die der Komplexität der Psychosomatik nicht gerecht wird. Der Einfluß von seelischen Zuständen auf den Körper ist individuell sehr unterschiedlich. Daher sind keine pauschalen und verbindlichen Aussagen über Ursache sowie Wirkung dieser

Prozesse möglich. Da das Autogene Training generell eine Harmonisierung des körperlich-psychischen Gleichgewichts bewirkt, beeinflußt es psychosomatische Beschwerden in jedem Fall günstig. Die Anwendung dieser Technik hat sich im besonderen bei folgenden häufig psychosomatisch verursachten Störungen bewährt:

- Schlafstörungen,
- Verdauungsstörungen,
- Eßstörungen,
- Erröten oder Zittern bei Aufregung,
- Nervosität,
- Schmerzen,
- Migräne,
- Herzklopfen, -stolpern, -jagen,
- sexuelle Störungen,
- Verspannungen.

5. Therapeutische Aspekte des Autogenen Trainings

Das Autogene Training ist mehr als nur eine Entspannungsmethode, es stellt ein wichtiges Verfahren dar, das in den verschiedensten Bereichen angewendet wird. Von Schultz selbst gibt es keine genaueren Aussagen darüber, wer das Autogene Training gewinnbringend auch im Sinne einer Heilung nutzen kann. Auch mit seinen Hinweisen auf Kontraindikationen bleibt er sehr allgemein, er empfiehlt, die Indikation sehr weit zu belassen. Das bedeutet, daß grundsätzlich jeder mit dem Üben des Autogenen Trainings beginnen kann, der sich dafür interessiert. Dabei werde er den persönlichen Nutzen schon feststellen. In den letzten Jahrzehnten ist man jedoch dazu übergegangen, eine Vielzahl von Erfahrungswerten aus unzähligen Übungsgruppen zusammenzufassen und auszuwerten. Es stellt sich nun differenzierter dar, was das Autogene Training zu leisten vermag und was nicht. Dies trägt dazu bei, die Wirkungen und Möglichkeiten realistischer zu bewerten und so Fehleinschätzungen und Enttäuschungen der Interessierten und der Übungsleiter zu vermeiden.

Das Autogene Training kann bei unterschiedlichen Störungen wirkungsvoll angewendet werden. Dabei ist anzumerken, daß die Behandlungserfolge stark abhängig sind von der Schwere der Störung, der Motivation des Übenden, der Qualifikation des Trainers, der Häufigkeit und Dauer des Übens und weiteren Faktoren.

Hinweis
Grundsätzlich sollten akut Erkrankte das Autogene Training nur nach ärztlicher Beratung und Zustimmung beginnen!

Bei folgenden Beschwerden kann das Autogene Training erfolgreich eingesetzt werden:

Körperliche Störungen

- Bluthochdruck,
- motorische Unruhe,
- Schmerzen,
- Verspannungen,
- Verdauungsstörungen,
- Herzklopfen, -stolpern, -jagen.

Psychische Störungen

- Schlafstörungen,
- Angstkrankheiten, Phobien,

- vegetative Erschöpfung durch Streß,
- innere Unruhe, Nervosität,
- Verhaltensänderungen,
- Lern-, Leistungs- und Konzentrationsstörungen,
- Störungen der Sexualität,
- überstarke Affekte,
- Suchterkrankungen,
- Erröten oder Zittern bei Aufregung,
- neurotische Störungen.

Die Wirkungen des Autogenen Trainings haben sich in vielen Bereichen bewährt. Zum einen können in der Persönlichkeitsentwicklung Ziele erreicht werden, zum anderen wird es in der Medizin (z. B. in der Geburtshilfe) und der Psychologie (z. B. in der Verhaltenstherapie) eingesetzt. Folgende Effekte konnten nachgewiesen werden:
- Erhöhung der Selbstbestimmung und -kontrolle,
- Steigerung der Selbsterkenntnis,
- Optimierung biochemischer Funktionen (hormonelle Steuerung),
- Stabilisierung des vegetativen Gleichgewichts,
- Unterstützende Wirkung im Zusammenhang mit anderen Behandlungsmethoden, vor allem in der psychosomatischen Medizin (Rheumabehandlung, Asthmatherapie).

Dabei bleibt generell zu beachten, daß es Situationen gibt, in denen man mit starken Belastungen, wie z. B. einer Scheidung oder Kündigung, konfrontiert wird. Das Autogene Training kann bei der Bewältigung dieser speziellen Problemstellungen nur bedingt nützlich sein. Für eine Akutbehandlung von völlig Ungeübten kommt das Autogene Training bei schweren Krisen nicht in Frage. Die Betroffenen sollten psychiatrische Behandlungen, Psychopharmakatherapien und andere Psychotherapien nutzen.

In der Regel sind gerade Krisen im zwischenmenschlichen Bereich durch mehrere Menschen bedingt, und dementsprechend genügt es nicht, wenn nur einer der Beteiligten Lösungsansätze findet. Das Autogene Training kann keinen Ausgleich für eine fehlende Auseinandersetzung mit anderen Menschen schaffen. Es dient als Quelle der Kraft und inneren Ruhe, die genutzt werden können, um Partnerschaftsprobleme, familiäre Krisen und Streitigkeiten am Arbeitsplatz mit den jeweiligen Personen auszutragen. Durch eine Verinnerlichung im Autogenen Training ist eine Lösung nicht möglich. Es kann aber eine innere Haltung der Gelassenheit aufgebaut werden, die bei der Bewältigung psychischer und sozialer Probleme äußerst hilfreich ist. In der Entspannung können Ideen und künftige Verhaltensweisen in der Phantasie vorgestellt werden, bereits dies spiegelt den therapeutischen, lösungsorientierten Charakter des Autogenen Trainings wider.

Genau in diesem Bereich treffen sich die Therapie mit Hypnose, die Hypnotherapie, und das Autogene Training. Die gedankliche Auseinandersetzung mit Problemen ist Bestandteil der Hypnotherapie. Wo das Autogene Training endet, beginnt die Hypnotherapie. Sie kann weiterführendes Therapeutikum sein, weil sie nicht mit festen Formeln arbeitet, sondern in der Gestaltung der Ziele und Inhalte freier ist.

IV. Die praktische Anwendung

Mit diesem Ratgeber können Sie die Unterstufe des Autogenen Trainings selbst erlernen oder die in Kursen erworbene praktische Fähigkeit theoretisch vertiefen und erweitern. Außerdem lassen sich die Übungen nachlesen und wiederholen. Im Laufe der Zeit wird jeder Übende sein individuelles Autogenes Training entwickeln, indem er nach eigenen Vorlieben Varianten in den Übungsablauf einbauen kann. Trotz vieler Bemühungen, die Methode so ursprünglich wie möglich zu halten, gibt es viele verschiedene Anweisungen und Übungsempfehlungen, die sich zum Teil erheblich voneinander unterscheiden. Wenn Sie sich etwas intensiver mit dem Autogenen Training beschäftigen, werden Sie feststellen, daß Sie sich zwischen verschiedenen Empfehlungen entscheiden müssen. Ob es sich um die Dauer der Übungen handelt oder um die bestmögliche Formulierung der Formeln, immer gibt es mehrere Meinungen. Wenn Sie sich nicht entscheiden können, ob Sie nun zweimal fünf Minuten oder zweimal zehn Minuten am Tag trainieren, wie beispielsweise unterschiedliche Empfehlungen lauten, so finden Sie durch wiederholtes Ausprobieren die für Sie beste Methode.

In diesem Ratgeber werden Ihnen jene Lehrmeinungen vorgestellt, die sich am häufigsten bewährt haben und die deshalb in der Literatur am stärksten verbreitet sind.

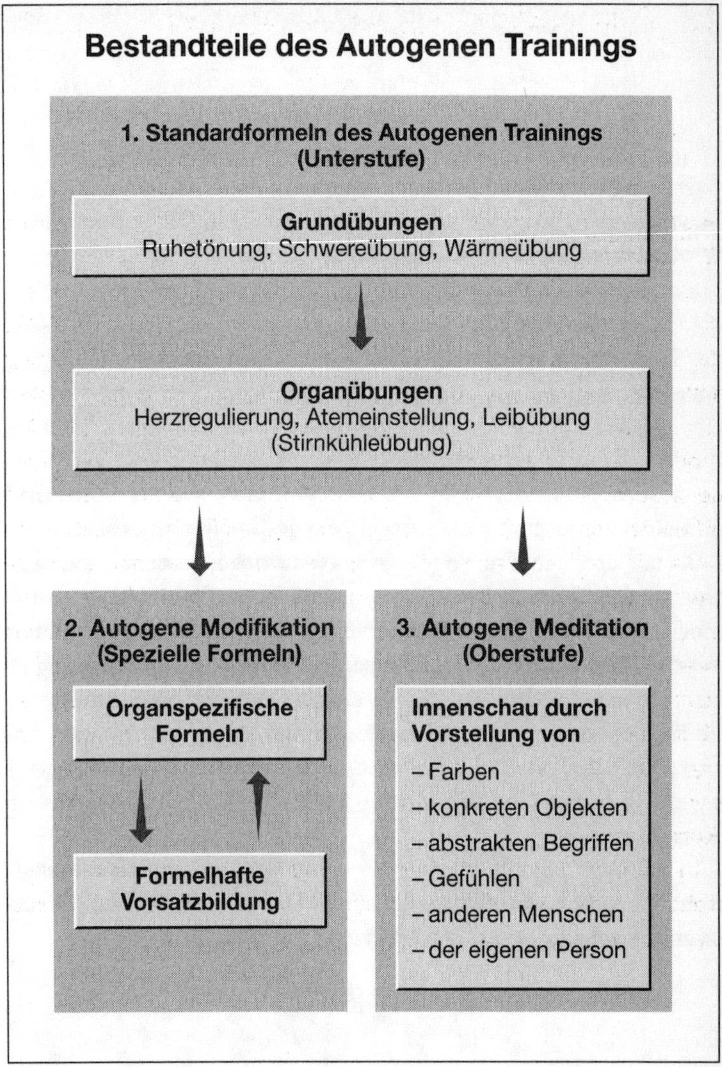
Bestandteile des Autogenen Trainings
1. Standardformeln des Autogenen Trainings
(Unterstufe)
Grundübungen
Ruhetönung, Schwereübung, Wärmeübung
Organübungen
Herzregulierung, Atemeinstellung, Leibübung
(Stirnkühleübung)
2. Autogene Modifikation
(Spezielle Formeln)
Organspezifische
Formeln
Formelhafte
Vorsatzbildung
3. Autogene Meditation
(Oberstufe)
Innenschau durch
Vorstellung von
– Farben
– konkreten Objekten
– abstrakten Begriffen
– Gefühlen
– anderen Menschen
– der eigenen Person

Das Autogene Training ist in eine Unter- und eine Oberstufe gegliedert. Die Unterstufe beinhaltet Übungen zur Förderung von regenerativen Körperfunktionen durch suggestive Formeln. Die Oberstufe des Autogenen Trainings besitzt meditativen Charakter. Hier orientiert sich die therapeutische Arbeit stark an der Tiefenpsychologie. Für die Oberstufe wird inzwischen häufig der Begriff »autogene Meditation« verwendet. Sie besteht im wesentlichen aus elf Übungen, die in Kapitel VI ausführlich dargestellt werden.

I. So erlernen Sie das Autogene Training

In diesem Kapitel erfahren Sie, was beim Erlernen des Autogenen Trainings zu beachten ist. Sollten Sie eine Gruppe besuchen, in der Sie das Autogene Training üben, so benötigen Sie diese Anleitung nur zur Erweiterung Ihres Wissens und für Ihr Training zu Hause. Ansonsten folgen Sie den Übungsanleitungen Ihres Trainers. Wenn Sie das Autogene Training alleine und anhand dieses Ratgebers lernen, ist es besonders wichtig, daß Sie die Ausführungen bis hierher gelesen haben. Sie vermeiden dadurch Fehler, und Sie können auftretende Schwierigkeiten problemlos einordnen und bewältigen.

Hinweis
Das Autogene Training kann nur mit Ausdauer und Konsequenz erlernt werden. Keine Kassette und kein Anleiter können das Ergebnis regelmäßiger Übung ersetzen.

Zunächst widmen Sie sich dem Erlernen der Unterstufe. Je öfter Sie üben, desto schneller und zuverlässiger stellt sich die gewünschte Wirkung ein. Bestimmen Sie dabei das Tempo selbst. Beginnen Sie mit dem Startprogramm in 22 Schritten (s. S. 124), das Sie zunächst mit den drei Grundübungen vertraut macht. Sobald Sie diese sicher beherrschen, nehmen Sie die Organübungen in Ihre Sitzungen mit auf, bis Sie schließlich die Unterstufe komplett üben.

Tip

In der Stunde vor dem Autogenen Training sollten Sie, vor allem als Übungsanfänger, nicht zuviel Kaffee oder Tee trinken. Die Anregung durch die Inhaltsstoffe in diesen Getränken könnte Ihnen die Entspannung erschweren.

2. Welche Körperhaltung ist empfehlenswert?

Die äußere Haltung

Das Autogene Training kann in verschiedenen Körperhaltungen ausgeübt werden, nehmen Sie auf jeden Fall eine bequeme Position ein. Entweder legen Sie sich flach auf den Rücken oder wählen eine von zwei Möglichkeiten, sich hinzusetzen. Zum einen können Sie in der sogenannten Droschkenkutscherhaltung üben, bei der Sie sich vornüberbeugen und mit den Unterarmen auf den Oberschenkeln abstützen. Zum anderen können Sie sich in eine passive Sitzhaltung begeben, bequem nach hinten gelehnt. Die Arme ruhen dann locker auf den Armlehnen oder im Schoß, der Oberkörper bleibt gerade aufgerichtet, ohne daß Sie sich allzusehr dabei anstrengen. Dabei ist zu beachten, daß der Kopf mit möglichst wenig Anspannung auf der Halswirbelsäule ruht. Die Schultern hängen entspannt herab. Probeweise sollten Sie die Schultern vorsichtig in Richtung der Ohren hochziehen, um sie anschließend sanft herabfallen zu lassen. Häufig wird die Entspannung im Schultergürtelbereich dadurch vertieft.

Hinweis
Wenn Sie das Autogene Training als Einschlafhilfe benutzen wollen (bitte erst nach einiger Übungserfahrung), so üben Sie gleich im Bett. Legen Sie sich zunächst auf den Rücken. Gehen Sie dann die Formeln der Reihe nach durch, so wie sie im nun folgenden Startprogramm beschrieben werden. Lassen Sie die Übung der Stirnkühle und die anschließende Rücknahme weg. Sollten Sie während des Übens einschlafen, haben Sie Ihr Ziel bereits erreicht. Ansonsten nehmen Sie, durch die Übungen entspannt, Ihre Schlafposition ein und überlassen sich der Müdigkeit. Sollten Sie danach trotzdem nicht einschlafen können, wiederholen Sie den Übungsablauf.

Die innere Haltung

Bei der Ausführung der Übungen sind die innere Haltung und die Konzentration von wesentlicher Bedeutung. Vor allem bei Anfängern können zu Beginn Gedanken aufkommen, die mit dem Training nichts zu tun haben, die Aufmerksamkeit aber an sich binden. Diese sollten nicht unterdrückt werden, da eine Verdrängungsleistung die Entspannung verhindert. Für solche Fälle hat sich die sogenannte akzeptierende Aufmerksamkeit als innere Einstellung bewährt. Das bedeutet, daß man alle Gedanken einfach nur wahrnimmt, ohne sie zu interpretieren oder weiter zu verfolgen, anschließend kehrt man wieder zum eigentlichen Konzentrationsgegenstand, den Formeln des Autogenen Trainings, zurück. Ein Bild kann diese innere Haltung am besten verdeutlichen: Auftretende, störende Gedanken sind mit Wolken zu vergleichen, die erscheinen, betrachtet werden können, dann aber vorüberziehen.

Ebenso wichtig ist es, die jeweiligen Ziele nicht mit zu großen Erwartungen zu verfolgen. Schultz umschrieb dies so: »Alles spannend aktive Wollen, ja bereits ein zielgerichtetes aktives Denken, sind mit der inneren passiv-empfangenden Haltung unvereinbar.«

Die Körperhaltung beim Autogenen Training

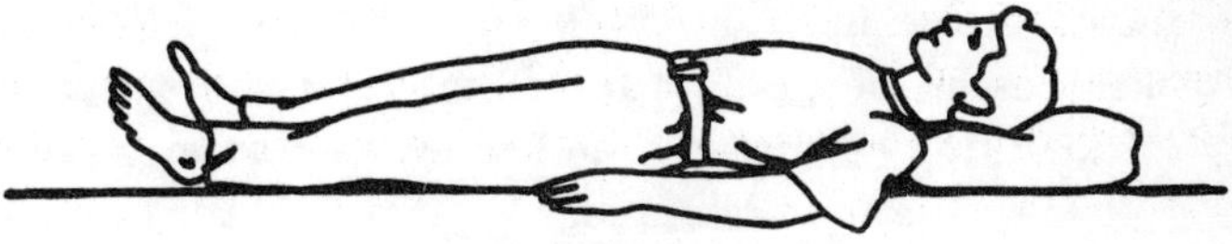

Liegende Übungshaltung

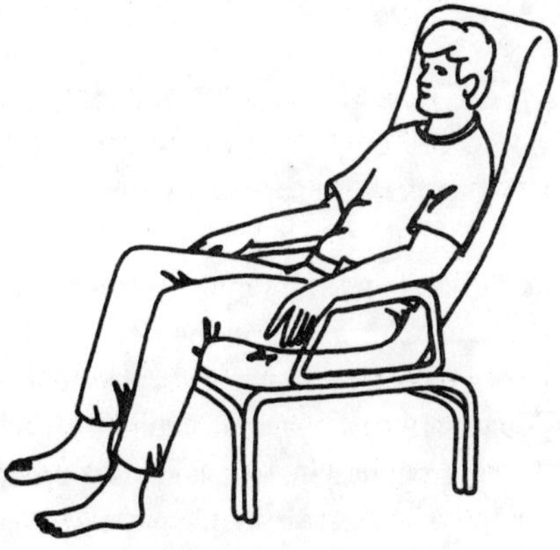

Passive Sitzhaltung

Droschkenkutscherhaltung

Gerade bei Entspannungstechniken muß der Leistungsaspekt ausgespart werden, um Versagenserlebnisse und Enttäuschungen zu verhindern, mit Anstrengung ist keine Entspannung zu erreichen. Vielmehr muß man die Wirkung der Formeln geschehen lassen.

Eine absichtslose Absichtlichkeit, wie Schultz es nennt, ist die richtige innere Einstellung.

Die autogenen Formeln der Unterstufe bestehen aus kurzen, prägnanten Aussagesätzen, die eine körperliche oder seelische Befindlichkeit beschreiben, z. B. »Ich bin ganz ruhig und entspannt« oder »Meine Arme werden angenehm schwer«. Mit zunehmender Übung, etwa nach einigen Monaten, können Sie die Formeln auch verkürzen, da sich deren Bedeutung im Lernprozeß bereits verinnerlicht und automatisiert hat. Aus der langen Fassung »Mein rechter Arm ist angenehm schwer« wird dann beispielsweise »Rechter Arm schwer«.

Zudem generalisieren sich die eintretenden Körperreaktionen mit der Zeit. Das bedeutet, daß die Empfindungen, die ursprünglich in einem eng begrenzten Bereich, beispielsweise im rechten Arm auftraten, auch ohne gesonderte Formel im linken Arm spürbar werden. Diese Erscheinung kann schon sehr rasch eintreten. Sie benötigen dann die differenzierte Wahrnehmung der einzelnen Extremitäten nicht mehr, die Formel verkürzt sich abermals zu »Beide Arme warm« oder sogar »Arme warm«. Schließlich wird die noch knappere Form »Wärme« genügen, um die Reaktion auszulösen. Auch bei anderen Übungen setzt dieser Lerneffekt ein, es kann jedoch länger dauern, bis sich die Reaktionen generalisieren. Die Formeln lauten dann in der Kurzversion: »Ruhe« – »Arme schwer« – »Beine schwer« – »Ruhe« – »Arme warm« – »Beine warm« – »Ruhe« …

3. Üben – alleine oder in der Gruppe?

Das Autogene Training wird entweder in Gruppen oder alleine gelernt und ausgeübt. Wie bereits erwähnt, brauchen alle, die das Autogene Training selbständig erlernen wollen, ein hohes Maß an

Selbstdisziplin, um regelmäßig die Übungen durchzuführen. Auch um bei auftretenden Schwierigkeiten nicht sofort wieder mit dem Training aufzuhören, benötigen Sie einen Lerneifer, der über mehrere Monate anhält. Haben Sie das Autogene Training erst einmal in den Grundzügen eintrainiert, können Sie durchaus über viele Jahre alleine üben. Für den Einstieg hat es sich aber als günstiger erwiesen, das Autogene Training in einer Gruppe zu erlernen, da hier die Übungsmotivation in der Regel höher ist. Außerdem kann man den Anleiter bei auftretenden Schwierigkeiten befragen. Durch den Austausch der Teilnehmer untereinander lassen sich auch Übungserfahrungen besprechen und vermitteln. Nicht zuletzt trägt auch die soziale Erfahrung in einer Übungsgruppe dazu bei, das Erlernen des Autogenen Trainings als entspannender, leichter und unterhaltsamer zu erleben. Das für sich alleine genommen stellt schon eine Streßreduzierung dar. Wer das Autogene Training alleine erlernt, sollte sich hin und wieder von einem Trainer in Kursen korrigieren lassen.

4. Übungsleiter

Der Übungsanleiter muß die Befähigung zur Anleitung von Autogenem Training bei einem seriösen Institut erworben haben. Lange Zeit wurde die Meinung vertreten, nur Ärzte sollten das Autogene Training lehren dürfen. Vor allem Schultz selbst vertrat diesen Standpunkt, da er annahm, daß es mitunter gefährlich sein könne, das Autogene Training ohne Anleitung, vor allem ohne ärztliche Aufsicht, zu erlernen. Dieses Risiko hat sich in den letzten Jahrzehnten nicht bestätigt. Es ist für die Motivation der Übungsanfänger besser, sich nicht von diesen übertriebenen Warnungen abschrecken zu lassen – vorausgesetzt, mögliche Kontraindikationen werden vor Übungsbeginn berücksichtigt bzw. diagnostiziert. Die Übungen der Unterstufe können gut alleine erlernt werden, die der Oberstufe allerdings nicht. Es hat sich gezeigt, daß auch nichtärztliche Anleiter das Autogene Training sehr gut vermitteln können, dazu gehören z. B. Psychologen, Krankengymnasten, Sozialpädagogen und Theologen, wenn sie die entsprechende Zusatzausbildung für die Vermittlung des Autogenen Trainings absolviert haben. Generell gelten die gleichen Prinzipien wie bei anderen psychotherapeutischen Verfahren, die Persönlichkeit des Trainers ist von entscheidender Bedeutung. Wichtige Faktoren sind die Vertrauensbasis zwischen Trainer und Übenden, die Stimme des Anleiters, seine Einfühlsamkeit und weitere Persönlichkeitsmerkmale. Dennoch sollte der Anleiter auf alle Fälle aus dem Heil- oder Sozialbereich kommen, da beim Autogenen Training häufig sehr starke Bezüge zur psychischen und physischen Konstitution der Übenden hergestellt werden.

Die Oberstufe des Autogenen Trainings dagegen muß in jedem Fall bei einem Trainer erlernt werden, der eine psychotherapeutische Ausbildung abgeschlossen hat. Nur dann lassen sich die aufkommenden inneren Bilder, die besonderen Empfindungen und die Probleme beim Üben qualifiziert besprechen, auswerten und somit nutzen. Beginnen Sie mit dem Training der Oberstufe erst dann, wenn Sie die Grundstufe sicher beherrschen und eine tiefe Entspannung von mindestens einer halben Stunde erzeugen können.

5. Trainingsdauer und -ablauf

Die Empfehlungen zur Übungshäufigkeit variieren. Sie reichen von mindestens zweimal 20 Minuten täglich über zweimal fünf Minuten am Tag bis hin zu ein- bis zweimal in der Woche. Viele Erfahrungen sprechen jedoch für die Empfehlung von zweimal zehn Minuten am Tag für Übungsanfänger. Schultz empfahl eine Übungsdauer von wenigen Minuten, damit der Organismus lernt, schnell zwischen Anspannung und Entspannung umzuschalten. Die organismische Umschaltung, das Ziel des Autogenen Trainings, soll prompt herbeigeführt werden können.

Denken Sie dabei aber auch daran, daß die Übungsdauer im weiteren Trainingsverlauf sowieso noch gesteigert wird. Für die vollständige Durchführung der Unterstufe benötigen Sie ungefähr 20 Minuten. Am besten integrieren Sie die Übungszeit fest in Ihren Tagesablauf, beispielsweise gleich nach dem Aufwachen oder nach der Arbeit. Der feste Platz im Tagesablauf fördert das regelmäßige Üben und verbessert somit die Ergebnisse.

Der Einstieg in das Training sollte nach Möglichkeit nicht in eine Zeit persönlicher Krisen gelegt werden, da dann die innere Bereitschaft, sich fallen zu lassen, vermindert sein kann. Die Aufmerksamkeit ist in einer solchen Situation eher der aktuellen Lebenssituation zugewandt als den Formeln. Viel sinnvoller ist es also, mit dem Autogenen Training in einer stabilen, unbeschwerteren Zeit zu beginnen. Mit der erworbenen, routinierten Übung kann man das Erlernte dann später in einer eventuellen Krisenzeit sofort anwenden und davon profitieren.

In den ersten Stunden werden die Ruhetönung und die Grundübungen vorgestellt und trainiert. In den folgenden Einheiten kommen weitere Formeln hinzu, bis nach ungefähr zehn Sitzungen alle Übungen der Unterstufe bekannt sind. Diese müssen dann intensiv geübt werden.

In den vorherigen Kapiteln konnten Sie sich ausführlich über die Grundlagen und die Wirkungsweisen des Autogenen Trainings informieren. Lesen Sie aber auch die detaillierten Ausführungen zu den Formeln gründlich durch. So können Sie die Prozesse, die beim Üben entstehen, besser einordnen und für Ihren Übungserfolg fördernd einsetzen.

V. Die Unterstufe des Autogenen Trainings

Das Autogene Training basiert im wesentlichen auf der Einübung formelhafter Sätze. Erlernt man diese Technik in einer Gruppe, werden diese sogenannten autogenen Formeln von einem Trainer vorgesprochen, übt man alleine, wiederholt man sie fünf- bis sechsmal in Gedanken.

Autogene Formeln

Um die gedachten Formeln leicht verständlich, gut wiederholbar und vor allem auch körperlich leicht nachvollziehbar zu formulieren, werden kurze und prägnante Sätze wie etwa »Die Arme werden angenehm schwer« verwendet. Während Schultz darauf bestand, daß bei der Vermittlung des Autogenen Trainings seine Vorgaben nicht geändert wurden, ergaben sich in den letzten Jahrzehnten doch einige Abwandlungen. Er verwendete nur Formeln, die als Aussagesätze (Postulate) in der Gegenwart, z. B. »Die Arme *sind* schwer«, formuliert waren. Lautet die Formel »Die Arme *sind* schwer«, obwohl diese sich momentan aber noch nicht schwer anfühlen, verspürt der Übende sehr deutlich die Diskrepanz zwischen der Aussage und dem tatsächlichen körperlichen Erleben. Das kann als sehr störend empfunden werden. Es hat sich in diesen Fällen bewährt, das Futur zu benutzen, z. B. »Die Arme *werden* schwer«. So kann der Übende die gewünschte körperliche Reaktion in der Art erleben, daß sie erst noch geschieht, also auf ihn zukommt. Er kann die körperliche Sensation abwarten. Jeder, der das Autogene Training erlernen möchte, sollte die für sich wirkungsvollste Variante ermitteln und verwenden.

1. Überblick über die Unterstufe

Die Unterstufe des Autogenen Trainings beinhaltet zwei Arten von Formeln. Zum einen werden *Standardformeln* verwendet, die sich in Grundübungen und Organübungen unterteilen lassen, zum anderen werden *autogene Modifikationen* eingesetzt.

Die Grundübungen stellen die Basis des Autogenen Trainings dar. Mit diesen Formeln beginnen Anfänger, und auch Fortgeschrittene leiten jede spätere Sitzung mit ihnen ein. Um auf die Organe und deren Funktionen harmonisierend einzuwirken, führt man die Organübungen durch. Die autogenen Modifikationen lassen sich in zwei Gruppen unterteilen.

Organspezifische Formeln

Diese besonderen Formeln dienen dazu, auf bereits bestehende Störungen im Organismus regulierend einzuwirken. Beachten Sie dabei jedoch, daß Organschmerzen einen wichtigen Hinweis auf ernsthafte Erkrankungen geben können. Daher dürfen Sie diese Übungen nur in Absprache mit einem Arzt ausführen.

Formelhafte Vorsatzbildung

Fast jeder Mensch hat mit Eigenschaften oder Zuständen zu kämpfen, die ihn selbst oder andere stören, beispielsweise Abhängigkeiten, fehlende Distanzierung zum Beruf, Ängste, Ausweichverhalten oder Aggressivität. Viele Menschen quälen sich lange Zeit mit guten Vorsätzen, die sie nicht erfüllen können. Sie machen sich selbst häufig Vorwürfe und setzen sich in einem inneren Monolog mit ihren Problemen auseinander.

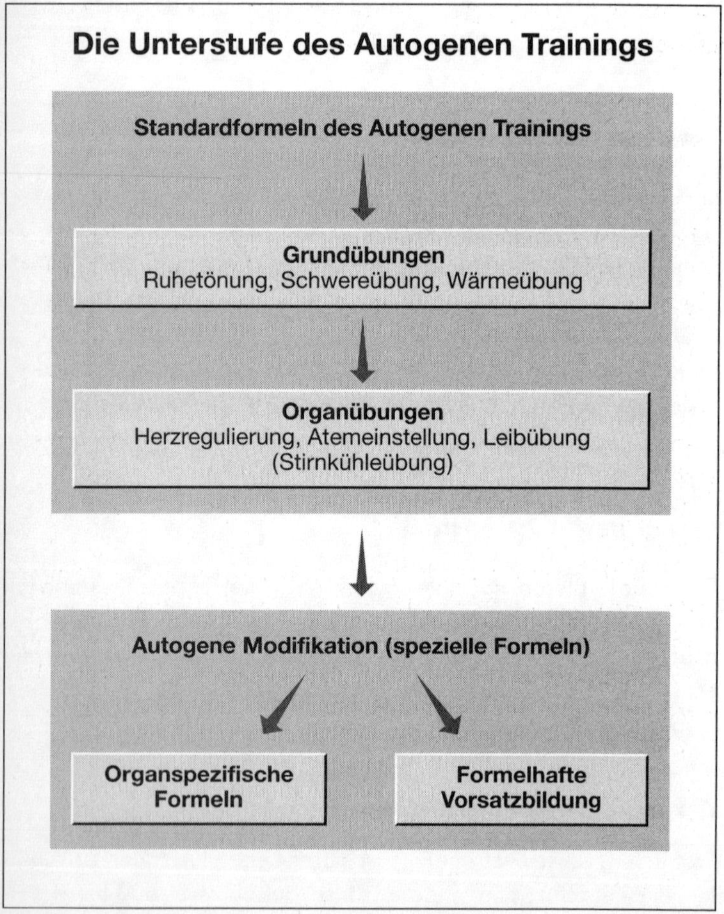

Um einem Fehlverhalten auf den Grund zu gehen, ist zunächst die Erkenntnis von Bedeutung, daß die Ursachen hierfür in der eigenen Person liegen. Zudem muß ganz genau festgestellt werden, welche der Verhaltensweisen verändert werden sollen. Auf dieser Grundlage lassen sich formelhafte Vorsätze in die autogene Entspannung einführen, die langfristig auch im Alltag wirksam werden. Aus diesen Überlegungen ergeben sich intensionale Formeln, die die Absicht des Übenden beinhalten.

Autonomie

Vor allem die Selbstbestimmtheit der Entspannung und der formelhaften Vorsätze stellen wichtige Faktoren des Autogenen Trainings dar. Die Voraussetzung dafür ist die Unabhängigkeit des Übenden von Vorgaben eines Trainers, Therapeuten oder durch den Text einer Kassette. Als Einsteiger ist man zunächst auf eine Anleitung angewiesen, doch sollten die Formeln und Übungen auswendig gelernt werden, um sie unabhängig ausführen zu können. Dies gilt allerdings nicht, wenn das Autogene Training benutzt werden soll, um von einem Therapeuten eine therapeutische Trance einleiten zu lassen.

Ob die Übungen mit Musik ausgeführt werden, hängt von den individuellen Bedürfnissen und Gewohnheiten des einzelnen ab. Es empfiehlt sich jedoch auf jeden Fall, damit zu experimentieren. Wenn Musik die Übungen begleitet, muß sie sehr ruhig und leise sein, damit sie die Konzentration nicht beeinträchtigt.

Tip

Auf keinen Fall sollte man aber Tonträger verwenden, die durch moderne Technik angeblich direkt das Unterbewußtsein ansprechen. Dabei wird beispielsweise eine Meditationsmusik mit einer gesprochenen Botschaft überlagert, die jedoch nicht bewußt wahrgenommen werden kann. Das Unterbewußtsein, so die Hersteller, würde die Worte aber verstehen, und dort würden sie auch wirksam werden. Diese Form der Suggestion – ob hilfreich oder nicht – widerspricht dem Prinzip des Autogenen Trainings, da sich die Einflußnahme nicht kontrollieren läßt und die Inhalte unbekannt bleiben. Scharlatanerie ist hier Tür und Tor geöffnet.

2. Standardformeln

Grundübungen

Ruhetönung

Am Beginn jeder Übung steht die Ruhetönung. Die Formel hierfür lautet: »Ich bin ganz ruhig«, sie lenkt von den aktuellen Alltagsereignissen ab und richtet die Aufmerksamkeit auf innere Prozesse. Sie schafft eine Distanz zur unruhigen Außenwelt. Störende Gedanken in der Phase der Ruhetönung wie beispielsweise »Ich kann nicht abschalten« oder das Empfinden, noch nicht bei der Sache zu sein, treten anfangs häufig auf, vermindern sich aber mit fortschreitender Praxis. Die Zeit, in der es gelingt, eine Entspannung mit Hilfe dieser Ruheformel herzustellen, wird immer kürzer.

Diese Ruhetönung wird immer wieder jeweils zwischen zwei Übungen eingebaut. Sie bildet eine Verknüpfung mit den anderen Formeln, die während des Trainings Verwendung finden. Dadurch prägt man sich das Ziel, nämlich die tiefe Entspannung, immer wieder ein.

Genaugenommen ist die Ruhetönung keine eigene Übung, sondern dient der Herstellung einer inneren Bereitschaft zur Entspannung. Man kann auch die Formel verwenden: »Die Ruhe kommt von ganz allein.« Sie suggeriert, daß man nicht aktiv etwas tun muß, um zur Entspannung zu gelangen, sondern sich lediglich den Empfindungen von Ruhe und Versenkung überläßt. Diese Formulierung hilft vor allem Anfängern, den gewünschten Zustand zu erreichen.

Schwereübung

Als erste eigentliche Übung des Autogenen Trainings folgt die Schwereübung. Die Formel hierfür lautet: »Mein rechter/linker Arm ist (ganz) schwer.« Ob zuerst der rechte oder der linke Arm in der Formel genannt wird, hängt davon ab, ob der Übende Rechts- oder Linkshänder ist. Schultz nannte die Gebrauchshand die »Ich-nähere« Hand. Können Sie diese nicht eindeutig bestimmen, so beginnen Sie mit der Hand, mit der Sie schreiben. Dies gilt auch für alle weiteren Übungen.

Der Übende lenkt seine Aufmerksamkeit auf diese Gebrauchshand, die erfahrungsgemäß eine höhere Sensibilität besitzt, Entspannungsprozesse werden daher besser spürbar. Ausgeprägt beidhändige Menschen können unter Umständen auf die Konzentration auf nur einen Arm verzichten und mit beiden Armen gleichzeitig diese Übung durchführen.

Die Schwereübung basiert auf der allgemeinen körperlichen Erfahrung, daß die Glieder sich schwer anfühlen, wenn sie durch Anstrengung ermüdet sind. Physisch passiert dabei folgendes: die Muskeln werden stärker durchblutet, um den erhöhten Sauerstoffbedarf, der durch die Anstrengung entsteht, auszugleichen, und sie entspannen sich durch Erschlaffen. Nervenrezeptoren in den Muskeln melden dem Gehirn diesen Entspannungszustand, der in den meisten Fällen als Schwere erlebt wird. Beim Autogenen Training wird dieser Vorgang nun in umgekehrter Weise genutzt, man stellt sich zunächst die Entspannung vor, die daraufhin von den Muskeln hergestellt wird. Die Nervenrezeptoren bestätigen dieses Resultat.

Dem eventuellen Abschweifen der Gedanken kann dadurch entgegengewirkt werden, daß die Arme und Beine einzeln nacheinander entspannt werden. Die Konzentration auf nur eine Extremität fällt leichter, als wenn alle vier gleichzeitig angesprochen werden sollen. Also lautet die optimale Reihenfolge der Schwereübung: »Der rechte (linke) Arm ist schwer.« Dann folgt der zweite Arm, und nach Erreichen des Schwereerlebnisses in beiden Armen konzentriert man sich auf die Beine. Hierbei ist die Konzentration auf nur eines der Beine nicht nötig, da eine Spezialisierung wie bei den Händen in der Regel weniger ausgeprägt ist: »Beide Beine sind (sehr) schwer.«

Bei dieser wie auch bei anderen Übungen können gegenteilige Reaktionen auftreten, die völlig harmlos sind. Der Arm wird beispielsweise leichter statt schwerer, oder der zweite Arm entspannt sich vor dem ersten. Es kommt möglicherweise auch vor, daß sich das Schwereempfinden nicht nur auf die Arme oder Beine beschränkt, sondern andere Körperpartien mit einbezogen sind. Ursache dafür ist der bereits erwähnte und gewünschte Vorgang der Generalisierung, bei dem der Tonus einer bestimmten Muskelgruppe den Zustand anderer Körperpartien beeinflußt. Die Schwereübung kann sehr ermüdend wirken und eignet sich gegebenenfalls als Einschlafhilfe.

Wärmeübung

Das bei dieser Übung tatsächlich zu spürende Wärmeempfinden wird durch eine erhöhte Durchblutung der Extremitäten infolge von Kapillarerweiterungen ausgelöst. In diesem Zusammenhang sind vor allem die sehr feinen Blutgefäße (Kapillaren) der Haut von

Interesse. Die Vorstellung von Wärme verändert den Querschnitt dieser Blutgefäße, so daß in der gleichen Zeit mehr Blut hindurchfließen kann. Da unter anderem die Verteilung der Körperwärme auf diese Weise geschieht, steigt durch den verstärkten Blutfluß auch die Hauttemperatur. Die Formel für diese Übung lautet: »Der rechte (linke) Arm ist warm.« Um eine überschießende Reaktion von vornherein zu vermeiden, kann man als Vorsichtsmaßnahme den Zusatz »angenehm« in die Formel einbauen. Sie lautet dann: »Der rechte (linke) Arm ist angenehm warm.«

Die Schwereübung leitet den Vorgang der Muskel- und Gefäßentspannung ein, der anschließend durch die Wärmeformel noch gezielt forciert wird. Die Ursache dieser Reaktion liegt in der erhöhten Aktivität des Parasympathikus. Die gesteigerte Durchblutung der Peripherie ist objektiv meßbar, der Temperaturstieg kann bis zu zwei Grad an der Hautoberfläche betragen. Die Auswirkungen dieser physiologischen Veränderung nimmt der Übende in der Regel gut wahr. Die Wärmerezeptoren in der Haut melden dem Gehirn den Temperaturanstieg. Als spürbare Empfindungen tritt ein Wärmeerleben in den Gliedmaßen, möglicherweise ein Kribbeln (mit dem Kribbeln der eingeschlafenen Hand vergleichbar) oder leichtes Pochen, auf. Relativ häufig steigt die Sensibilität so sehr an, daß der Puls in Fingern und Beinen spürbar wird. Günstig ist es – wie bei der Schwereübung auch –, zuerst mit der Gebrauchshand zu beginnen und dann die zweite Hand in die Übung einzubeziehen. Die Beine werden wieder gemeinsam in einer Formel genannt. Der korrekte Ablauf lautet: »Der rechte/linke Arm ist (angenehm) warm.« Dann wiederholt man dies für den zweiten Arm, und schließlich werden die Beine mit der Formel angesprochen: »Beide Beine sind (angenehm) warm.« Mit zunehmender Übung kann sich auch diese Reaktion generalisieren, so daß sich das Wärmeerleben nicht nur auf die Arme oder die Beine beschränkt, sondern sich auch beispielsweise auf den Rumpf übertragen kann.

Organübungen

Atemübung

Normalerweise wird unsere Atmung von dem vegetativen Nervensystem gesteuert, doch man kann sehr schnell, bewußt und direkt Einfluß auf sie nehmen. Sie stellt einen Sonderfall innerhalb des vegetativen Nervensystems dar, weil wir positiv auf sie einwirken können. Diese Möglichkeit bildet einen Bestandteil der Meditations- und Atemtechniken vieler Kulturen.

Bei dieser Übung geht es nicht darum, die Atmung in eine bestimmte Form zu zwängen, sondern den eigenen Atemrhythmus zu finden und zu betonen. Natürlicherweise ist uns die Bauchatmung mit ruhigen, regelmäßigen Zügen eigen. Diese Atmung stellt sich vor allem im entspannten Tiefschlaf ein. Durch Erfahrung wissen wir, daß wir in Ruhe langsamer atmen, da der Körper weniger Sauerstoff verbraucht. Durch gezielte Atemübungen erwecken wir in uns die Erinnerung an diese Erfahrungen der körperlichen Ruhe. Mit der Formel »Die Atmung ist ruhig« kann die uns natürliche Atemweise angeregt werden. Zeichen der Entspannung sind die Abnahme der Atemfrequenz sowie die Verlagerung von der Brustatmung zur Bauchatmung. Das heißt, die flachen, oberflächlichen Atemzüge gehen nun in tiefe, ruhige über.

Bisher war es üblich, die Atemformel mit dem Zusatz »Es atmet mich« zu versehen, um den Übenden in die Rolle des passiven Beobachters zu versetzen, der selbst an der Atmung nichts verändern muß. Nachdem viele Menschen Probleme mit dieser Formulierung hatten und manche – vor allem im klinischen Bereich – tatsächlich das Erlebnis einer künstlichen Beatmung hinter sich haben, nimmt man heute mehr und mehr Abstand von dieser Formulierung. Schultz forderte, daß dieser Formelteil nie als Aufgabe aufgefaßt werden dürfe, sondern sich – wenn überhaupt – harmonisch in die Übung einfügen müsse. Dieser Satz sollte die Autonomie der

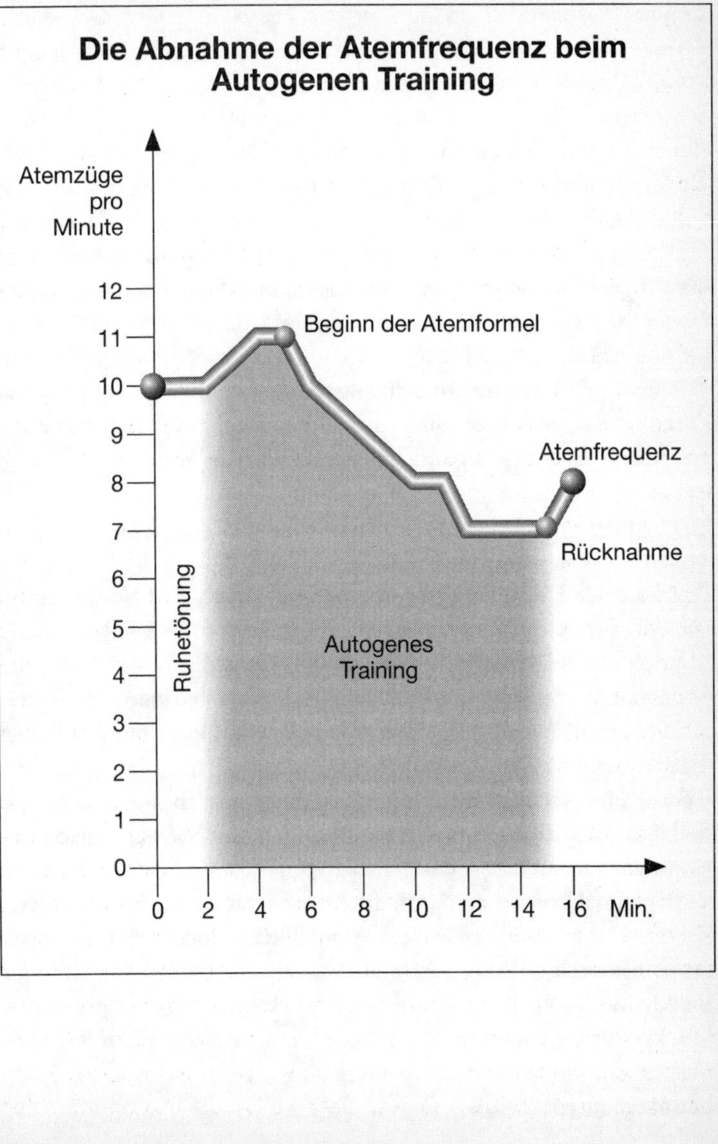
Die Abnahme der Atemfrequenz beim Autogenen Training
Atemzüge pro Minute
12
11
10
9
8
7
6
5
4
3
2
1
0
Beginn der Atemformel
Atemfrequenz
Rücknahme
Ruhetönung
Autogenes Training
0
2
4
6
8
10
12
14
16
Min.

Atmung ausdrücken und die eigene Passivität gegenüber dieser Körperfunktion spürbar werden lassen. »Es atmet mich« verdeutlicht, daß diese Funktion unser Zutun nicht benötigt und selbständig arbeitet. Wenn Sie keine Probleme mit dieser Formulierung haben, können Sie sie in diesem Sinne auch gewinnbringend verwenden. Auch die Formulierung »Es atmet in mir« hat sich als sinnvoll erwiesen.

Es empfiehlt sich, die Wiederholung der Formeln in Gedanken dem eigenen Atemrhythmus anzupassen. Wesentlich bei dieser Übung ist das konzentrative Erleben dessen, was in unserem Körper von selbst geschieht.

Diese Atemformeln sind für Asthmatiker von besonderer Bedeutung, da sie von erfahrenen Anleitern sehr behutsam zur Behandlung dieser Erkrankung eingesetzt werden können.

Herzübung

Das Ziel der Herzübung ist es, einen ruhigeren und gleichmäßigeren Rhythmus des Herzschlags herbeizuführen. Die Formel dafür lautet: »Das Herz schlägt ruhig und regelmäßig.« Anfängern des Autogenen Trainings kann es zunächst Schwierigkeiten bereiten, die Herztätigkeit zu erspüren, mit zunehmender Übung fällt dies jedoch leichter. Die Wahrnehmung eines ruhigeren und gleichmäßigeren Herzschlagrhythmus führt zu einer vertieften Entspannung, die aber auch allein durch das Anwenden der Formel – also auch wenn der Herzschlag nicht gefühlt werden kann – gefördert wird.

Manchmal kommt es durch die Konzentration auf diese Körperfunktion zu Irritationen, da eventuell auch kleine, harmlose Unregelmäßigkeiten wahrgenommen werden, was unter Umständen Beklemmungen auslöst. Patienten, die erst vor kurzem einen Herzinfarkt erlitten haben, müssen diese Übung auslassen, da das traumatische Erlebnis eine tiefsitzende Angst verursacht hat, die erst bewältigt werden muß.

Bauchübung (Sonnengeflechtsübung)

Diese Übung bezieht sich auf das Sonnengeflecht, auch Plexus solaris oder Solarplexus genannt, das Teil des sympathischen Nervensystems ist. Es handelt sich um ein ringförmiges Nervengeflecht mit einigen Zentimetern Durchmesser, das sich im hinteren Bauchraum vor der Aorta ungefähr in Höhe zwischen Brustbein und Nabel befindet. Von diesem Sonnengeflecht aus führen Nervenbahnen strahlenförmig (daher der Name) zu allen Organen im Bauchraum und zu den Beinen. Mit der Formel »Sonnengeflecht ist strömend warm« aktiviert man die Durchblutung dieser Organe und stellt eine Harmonisierung innerhalb des Bauchraums her. Dieser wird, wie die Formel vorgibt, strömend warm und macht sich unter Umständen mit Darmgeräuschen, Magenknurren oder einer generell gesteigerten Tätigkeit bemerkbar. Manchen Übenden fällt es leichter, mit der Formel »Der Bauch ist wohlig warm durchströmt« zu arbeiten, da das Sonnengeflecht nicht leicht zu erspüren ist.

Stirnkühlung

Den Abschluß der Organübungen der Unterstufe bildet die Stirnkühlung. Ihr Ziel ist es, ein angenehmes, leichtes Empfinden von Kühle auf der Stirn hervorzurufen. Physiologisch sind keine bemerkenswerten Auswirkungen zu beobachten, manchmal kommt es sogar zu einer entgegengesetzten Reaktion, nämlich zu einer geringfügigen Erwärmung. Die Stirnkühle ist also eine fiktive Vorstellung. Man kann mit dieser Übung einen Zustand provozieren, der als Abgrenzung zum übrigen, nun wohlig warmen Körper zu sehen ist. Dies wird mit der Formel: »Die Stirn ist ein wenig kühl« erwirkt. Um überschießende Reaktionen zu vermeiden, kann man auch die Formel: »Die Stirn ist angenehm kühl« verwenden. Die Körperempfindung ist am besten mit folgender Vorstellung zu vergleichen: Man stelle sich ein warmes Bad vor, in dem man wohlig ruht, während der Kopf angenehm kühl bleibt, oder einen Lufthauch, der kühl über das Gesicht streicht. Schultz empfiehlt, diese Übung anfangs lediglich zwei- bis dreimal zu wiederholen. Mit zunehmendem Training, wenn ein angenehmes Gefühl entsteht, kann sie schließlich sechsmal ausgeführt werden. Für Menschen mit einer Neigung zu Kopfschmerzen empfiehlt sich die Entspannung des Kopfs mit den Formeln: »Kopf frei und klar« oder »Gesicht hängt angenehm schwer«.

Diese Übung ist etwas umstritten, da es nicht unbedingt einleuchtet, warum der Körper durch Wärmeempfinden entspannt, die Stirn aber in einen kühlen Zustand versetzt werden soll. Der Grundgedanke von Schultz war, eine Abgrenzung zwischen der Stirn, in der wir das Ich lokalisieren, und dem übrigen warmen und schweren Körper zu schaffen. Es erschien ihm vorteilhaft, einen kühlen Kopf zu suggerieren, der leicht und frei über dem Ganzen steht. Jedoch räumte Schultz ein, daß bei individuellen Problemen mit der Stirnkühle und eher guten Erfahrungen bei einer erprobten Stirnwärme ausnahmsweise auch die Formel »Stirn angenehm warm« angewendet werden könne. Zuerst sollte aber die Stirnkühle versucht und gelernt werden.

3. Autogene Modifikation

Organspezifische Formeln

Die organspezifischen Formeln kommen zur Anwendung, wenn bereits körperliche Störungen vorhanden sind. Diese sind der Ausgangspunkt für die individuelle Bildung der Formeln. Das Autogene Training ermöglicht die Beeinflussung von Prozessen, die sich normalerweise unserem willentlichen Zugriff entziehen, da sie autonom ablaufen. Dazu gehören z. B. der Herzrhythmus, eine Veränderung der Kapillardurchmesser oder die Verdauung. Es ist jedoch möglich, mit gezielten Formeln und tiefer Konzentration in diese Vorgänge einzugreifen. Dies beschränkt sich nicht nur auf die Organe, die mit den Standardformeln beeinflußt werden, sondern kann auch auf andere Bereiche ausgeweitet werden. Verspannungen im Schulter-Nacken-Bereich, die vielleicht sogar zu Spannungskopfschmerzen führen, können beispielsweise mit der Formel »Die Schulter ist warm und locker« gelöst werden. Dies stellt nur ein Beispiel dar, es ist unumgänglich, daß die jeweilige Formel genau auf die individuelle Störung ausgerichtet wird. Daher existieren keine vorgefertigten organspezifischen Formeln, sie werden bei Bedarf in enger Zusammenarbeit mit einem Arzt und mit einem Trainer für Autogenes Training entwickelt. Diese Formeln werden im wesentlichen bei psychosomatischen Störungen angewendet. Es wurde bereits darauf hingewiesen, welche Problematik in diesem Bereich besteht.

Intensionale formelhafte Vorsatzbildung

Die meisten von uns leiden an den unterschiedlichsten Störungen im Befindlichkeits- und Verhaltensbereich. Entscheidend für die Auseinandersetzung mit diesen psychischen Problemen ist der ganz individuelle Leidensdruck. Was den einen seit Jahren furchtbar quält, fällt einem anderen erst gar nicht auf. Fast jeder Mensch weist Verhaltensweisen auf, die mehr oder weniger behandlungsbedürftig sind. Voraussetzung für eine Anwendung der intensionalen formelhaften Vorsatzbildung ist jedoch, daß diese Störung in der Person selbst begründet liegt oder sich zumindest in deren Verantwortungsbereich befindet. Als erster Schritt wird in einem therapeutischen Gespräch zwischen dem Übenden und dem Trainer das Kernproblem analysiert und besprochen. Als nächster Schritt wird die Formel gestaltet und der Situation des Übenden angepaßt. Gerade bei dieser Methode ist der Aspekt der Autonomie von großer Bedeutung. Wenn die Formel über den Kopf des Betroffenen hinweg vorgegeben wird, mindert dies die Akzeptanz seinerseits und somit die Suggestivkraft der Vorsatzbildung. Die Bezeichnungen Eigenformel oder Selbstinstruktion unterstreichen diesen Aspekt. Diese individuellen Aussagen werden dann während der Übungen immer wieder eingebaut oder gegen Ende einer Übungssitzung mehrmals wiederholt. Schultz empfiehlt, diese intensionalen Formeln beim Zubettgehen anzuwenden, sie quasi in den Schlaf hineinzunehmen, um dadurch eine Wirkungssteigerung zu erreichen. Ihre Wirksamkeit beruht auf der suggestiven Kraft, die durch die Entspannung verstärkt wird. Dieser individuelle Satz wird dann mindestens sechs bis acht Wochen lang angewendet. Dabei ist zu beachten, daß jeweils nur eine Formel benutzt wird. Möchte man mehrere Verhaltensbereiche ändern, so geschieht dies nacheinander. Besonders wichtig ist hierbei, daß die Aussage positiv formuliert wird. Das läßt sich anhand des Beispiels einer übersteigerten Ängstlichkeit demonstrieren. Statt der Formel »Ich werde weniger ängstlich sein« wählt man den Satz »Meine Zuversicht wächst« oder »Ich bin fest und gelassen«.

Für die Erstellung der individuellen Formeln gelten also folgende Regeln:

- Sie haben Gegenwarts- und Wirklichkeitsform;
- Sie müssen kurz sein (nicht mehr als zehn Wörter), damit sie sich in den Entspannungsablauf integrieren und schnell erfassen lassen;
- Sie sollen Eigengedanken des Übenden enthalten;
- Sie müssen Bezug auf die Störung nehmen;
- Sie müssen positiv formuliert sein (Sonderregelung bei Suchtkrankheiten);

- Sie müssen eine für den Übenden akzeptable Klanggestalt und einen ruhigen, gleichmäßigen Sprachrhythmus haben;
- Sie müssen erreichbare Ziele beschreiben.

Um diese Anforderungen, die an eine Vorsatzbildung gestellt werden, zu verdeutlichen, betrachten wir eine Sitzung, in der eine dieser Formeln entwickelt wird.

Beispiel

Frank W., 40 Jahre alt, leidet seit mehreren Jahren zunehmend unter starken Verspannungen im Nackenbereich, die zunächst nur lästig waren, ihm mittlerweile aber Kopfschmerzen bereiten und bei der Arbeit stark beeinträchtigen. Physiotherapeutische Behandlungen brachten nur kurzzeitige Besserung. Frank sollte krankengymnastische Übungen machen, seine Haltung verbessern und Ausgleichsgymnastik betreiben. Dazu war er bisher nicht in der Lage, weil er keine Kraft mehr aufbrachte, um nach seiner Arbeit noch die anstrengenden Übungen durchzuführen. Sein Arzt empfahl ihm die Teilnahme an Autogenem Training, und Frank besucht seit einigen Wochen eine Gruppe, in der unter Anleitung geübt wird. Die Grundübungen hat er bereits kennengelernt, und die Entspannung stellt sich bei ihm schon regelmäßig ein. In einem Gespräch mit seinem Übungsleiter wird analysiert, warum Frank sich auf eine ihm eigene Art bewegt, was seine schlechte Haltung verursacht und warum er keine Energie für seine heilsame Gymnastik aufbringt. Es stellt sich heraus, daß Frank keine Vorstellung davon hat, wie er sein Leiden jemals wieder loswerden könnte, daß die bisherigen Versuche ihn sehr entmutigten und die Kraft, die er weiterhin opfern müßte, ihm nicht gut investiert erscheint, da er den Berg an Übungen, Haltungsverbesserung und Veränderungen am Arbeitsplatz sowieso nicht bewältigen könne. Frank erarbeitete in dieser Sitzung die Formel »Eines nach dem anderen« und begann, sie in seine Entspannung einzubauen. In seiner tiefsten Entspannung, jeweils vor der Rücknahme, suggerierte er sich die Vorsatzbildung »Eines nach dem anderen«. Dabei gewann er innerhalb von zwei Wochen die Zuversicht, daß es doch möglich ist, Schritt für Schritt Veränderungen in seinem Leben in Angriff zu nehmen, er könne ja erst einmal am Arbeitsplatz beginnen.

Im weiteren Verlauf des Autogenen Trainings wurde dann folgende Formel erarbeitet: »Ich will etwas für meinen Rücken tun.« Dies führte dazu, daß Frank sich stärker mit den Zusammenhängen beschäftigte, die seine Verkrampfungen und damit seine Schulterbeschwerden verursachten. Er lernte, daß seelische Belastungen oder Fehlhaltungen von ihm beachtet werden müssen. Er konzentrierte sich immer wieder auf seine Nacken-Schulter-Gegend und baute kurze Entspannungsübungen und Bestandteile seiner Krankengymnastik in den Alltag ein. Die Harmonisierung des gesamten Organismus durch das Autogene Training wurde immer deutlicher, und seine Spannungskopfschmerzen nahmen ab. Dieser Fortschritt veranlaßte ihn, seinen Arbeitsplatz rückenfreundlicher zu gestalten. Nach einigen Wochen konnte er die formelhafte Vorsatzbildung abschließen und mit den Grund- und Organübungen allein eine Entspannung herbeiführen, die seinem Spannungskopfschmerz zuverlässig vorbeugte.

Die in diesem Beispiel verwendeten Formeln enthalten Franks eigene Gedanken, verfügen über eine akzeptable Klanggestalt, sind kurz, relevant und positiv formuliert (»Ich will etwas für meinen Rücken tun«).

Andere Formulierungen aus dem Bereich der formelhaften Vorsatzbildungen sind: »Das geht vorbei«, »Ich schaffe es«, »Ich fühle mich ohne … viel wohler«, »Mein … gelingt«.

4. Rücknahme

Mit der sogenannten Rücknahme beendet man das Autogene Training. Dieser Schritt fällt nur dann aus, wenn das Autogene Training als Einschlafhilfe dienen soll. Dann überläßt man sich dem während der Entspannung eintretenden Schlaf. Die Rücknahme führt uns aus der Innenwelt zurück in den normalen Alltag, mit dem Ziel, die im Training erlangte Versenkung aufzulösen, ohne jedoch die Entspannung zu verlieren. Wortwörtlich genommen, ist die Bezeichnung Rücknahme unglücklich gewählt, weil aus dem Training nichts, am wenigsten die Entspannung, zurückgenommen werden soll. Dennoch hat sich diese Bezeichnung eingebürgert. Sie sollte so verstanden werden, daß eine Umschaltung von dem Ruhezustand in das Alltagsgeschehen hinein geschieht, bei der der Entspannungseffekt erhalten bleibt. Daher ist es auch möglich, das Autogene Training während eines Arbeitstags anzuwenden. Selbst in kurzen Pausen kann eine tiefe Entspannung erreicht werden. Die Rücknahme führt uns zu unseren Aufgaben zurück, die wir dann ruhiger und gelassener weiterführen können. Wenn Sie das Autogene Training in der Öffentlichkeit ausüben, beispielsweise während einer Zugfahrt oder während einer Pause auf der Parkbank, so wird dies niemand bemerken. Soll auch die Rücknahme unauffällig bleiben, wenden Sie einfach die verkleinerte Ausführung der Rücknahme an: Strecken Sie beide Arme nach unten. Ballen Sie die Fäuste und drehen Sie diese zwei- bis dreimal schnell von innen nach außen. Anschließend holen Sie tief Atem.

Der genaue Vorgang der Rücknahme besteht in einer inneren Vorbereitung auf die zuvor beschriebene Umschaltung durch die Formel: »Ich zähle jetzt von eins bis zehn und werde dabei immer wacher.« Sie wird entweder vom Übungsleiter vorgesagt – einige verzichten dabei auf die Zählung – oder im stillen gedacht. Ist man bei zehn angelangt, werden unmittelbar danach die Arme einige Male fest angespannt und gestreckt, man atmet mehrmals tief ein und aus, bevor schließlich die Augen geöffnet werden. Der Merksatz hierzu besteht aus den drei großen A: Arme fest, Atem tief, Augen auf.

Die Rücknahme ähnelt dem ausgiebigen Strecken und Recken nach dem Aufwachen. Bei sehr langen oder tiefen Entspannungen kann es vorkommen, daß eine einmalige Rücknahme nicht ausreicht. Sie wird dann einfach so lange und ausführlich wiederholt, bis der Übende wieder wach, aber entspannt ist. Durch eine gewissenhafte Rücknahme vermeidet man Benommenheit und Schwindel – Erscheinungen, die ansonsten unter Umständen kurzzeitig auftreten können.

Befürchtungen, daß das Autogene Training die Wachheit über längere Zeit beeinträchtige und so die Sicherheit im Straßenverkehr oder beim Bedienen von Maschinen nicht mehr gewährleistet sei, sind unbegründet. Schultz berichtete von Untersuchungen, die belegen, daß von 1000 Übenden lediglich eine Person dieses Gefühl von Benommenheit verspürte. Führt man die Rücknahme gewissenhaft durch, setzt die Funktionstüchtigkeit des Organismus für die alltäglichen Aufgaben unmittelbar oder spätestens nach wenigen Minuten wieder ein. Geschieht dies nicht, weil Sie beispielsweise grundsätzlich einen niedrigen Blutdruck haben, der durch die Entspannung weiter vermindert wurde, so machen Sie einige Kniebeugen. Das sollte Sie wieder hinreichend erfrischen.

Tip

Es ist generell empfehlenswert, sich etwas mehr Zeit zu nehmen, um das Training, auftretende Schwierigkeiten und Fortschritte zu überdenken oder zu besprechen, wie dies meist in Übungsgruppen praktiziert wird.

Achtung!

Sie sollten sich keine Entspannungskassetten oder Entspannungs-CDs, mit denen das Autogene Training erlernt werden kann, anhören, während Sie eine Maschine bedienen, Auto fahren oder eine andere konzentrierte Tätigkeit ausüben. Die Anleitungen könnten eine tiefe Entspannung einleiten. In diesen Situationen kann es aber gefährlich werden, wenn Ihre Aufmerksamkeit nachläßt.

5. Übungsprotokoll

Schon Schultz selbst empfahl den Übenden, ihre Erfahrungen aus dem Autogenen Training in einem Übungsprotokoll festzuhalten. Dabei sollen das Datum, die Übungszeit und die Übungen in Stichpunkten notiert werden. Außerdem ist zu protokollieren, welche Empfindungen auftraten, ob sich gegenteilige Reaktionen zeigten oder ob sonstige Störungen auftraten. Durch das gewissenhafte Führen des Übungsprotokolls ergeben sich folgende Vorteile:

- Sie haben einen aktuellen Überblick über Ihren Übungsfortschritt;
- Sie können leicht bestimmen, auf welcher Stufe Sie sich befinden;
- Durch das Führen eines Übungsprotokolls steigern Sie Ihre Motivation zu regelmäßigem Üben;
- Sie können sich bei aufgetretenen Schwierigkeiten in einem Gespräch mit einem Trainer an Ihren Aufzeichnungen orientieren;
- Durch das Vorhaben, nach dem Training die Erlebnisse aufzuschreiben, steigern Sie Ihre Aufmerksamkeit auf das Erleben schon während der Übungen.

Indem Sie Ihre Erfahrungen aufschreiben, konkretisieren Sie Ihre Empfindungen und Eindrücke, auch wenn Sie dabei die Gefühle nur vage in Worte fassen können. Verbalisieren, wie es in der Psychologie genannt wird, kann unklaren Gefühlen und Stimmungen eine genauere Bestimmung geben. Diese Vorgehensweise kennen wir auch in anderen Zusammenhängen, beispielsweise beim Schreiben eines Tagebuchs oder beim Formulieren eines persönlichen Briefs. Das Ausdrücken von Gefühlen ist in jedem Fall ein geeignetes Mittel, eigene Empfindungen zu verdeutlichen.

Benutzen Sie entweder die Protokollvorlage im Anhang dieses Buchs, oder denken Sie sich Ihr eigenes System aus. Denken Sie aber daran, ein Heft zu benutzen, damit weiter zurückliegende Eintragungen nicht verlorengehen, wie es bei losen Blätter eher passieren kann. Um den Umgang mit einem Übungsprotokoll zu veranschaulichen, finden Sie nachfolgend ein Beispiel, an dem Sie sich orientieren können.

Übungsprotokoll

Datum Uhrzeit	Durchgeführte Übungen (stichwortartig)	Übungs-zeit	Erlebnisse, Empfindungen Irritationen
12.10., 11.30 h	Ruhetönung, Schwere- und Wärmeübung	5 Min.	Schwere stellte sich gut bei beiden Armen ein, Wärme nicht. Taubheitsgefühl am Hals, vermehrtes Schlucken.
12.10., 18.00 h	Ruhe, Schwere, Wärme	5 Min.	Wie zuvor, Wärme war etwas im rechten Arm spürbar.
12.10., 23.30 h	Ruhe, Schwere, Ziel: einschlafen	ca. 10 Min.	Deutliche Empfindungen von Schwere am ganzen Körper, nach ca. 10 Min. eingeschlafen.
13.10., 13.30 h	Ruhe, Schwere, Wärme in der Mittagspause geübt	ca. 10 Min.	Weder Ruhe noch Schwere stellte sich ein. War vermutlich zu sehr angespannt. Wieder Taubheitsgefühl am Hals.

13.10., 18.00 h	Ruhe, Schwere, Wärme	10 Min.	Deutliche und angenehme Empfindungen, war nach dem Üben wach und erholt nach einem anstrengenden Tag.
14.10., 13.30 h	Ruhe, Schwere, Wärme in der Mittagspause geübt	10 Min.	Etwas besser als gestern in der Pause.
14.10., 18.30 h	Ruhe, Schwere, Wärme	10 Min.	Sehr gutes Gelingen aller drei Übungen. Wärme war deutlich spürbar, leichtes Kribbeln im rechten Arm.
14.10., 24.00 h	Ruhe, Schwere, Wärme, Ziel: einschlafen	5–10 Min.	Alle drei Reaktionen deutlich zu spüren. Gute Entspannungswirkung. Eingeschlafen bei der Wärmeübung.
15.10., 12.45 h	Ruhe, Schwere, Wärme in der Mittagspause geübt	10 Min.	Konnte mich bei der Schwere- und Wärmeübung gut erholen. Reaktionen stellen sich nun schneller ein.
15.10., 18.00 h	Ruhe, Schwere, Wärme und erstmals Herzübung	10 Min.	Bis zur Herzübung alle Reaktionen sehr deutlich. Bei der Herzübung den Herzrhythmus im Bauch etwas gespürt. Tiefe Entspannung!
16.10., 12.15 h	Ruhe, Schwere, Wärme und Herzübung	10 Min.	Reaktionen schnell spürbar, beide Arme reagierten bei der Schwereübung gleichzeitig, Herzübung angenehm, nach Rücknahme sehr entspannt und erfrischt.

6. Startprogramm

Sie können nun mit dem Autogenen Training beginnen. Gehen Sie nach den folgenden Ausführungen vor, um die drei Grundübungen zu erlernen:

- Lesen Sie sich zuerst die Anweisungen durch.
- Absolvieren Sie anschließend die 22 Schritte der Reihe nach. Die Schritte 1 bis 9 beinhalten die Vorbereitungen zu den Übungssitzungen. In den Schritten 10 bis 22 werden die Formeln der Grundübungen angewendet. Es genügt, wenn Sie für etwa fünf Trainingssitzungen zunächst nur die drei Grundübungen der Unterstufe durchführen: die Ruhetönung, die Schwereübung und die Wärmeübung.
- Wenn Sie mit diesen Grundübungen vertraut sind, können Sie die Organübungen mit in den Übungsablauf einbeziehen. Wie Sie dabei vorgehen, wird im Anschluß an das Startprogramm erklärt.

Startprogramm in 22 Schritten

1. Zu Beginn Ihrer ersten Übungen sollten Sie sich noch einmal vergegenwärtigen, daß es wenigstens einige Tage dauern wird, bis Sie die ersten Reaktionen deutlich spüren. Einige von Ihnen werden sofort wahrnehmen, daß Ihre Arme wärmer oder schwerer werden, doch das ist nicht die Regel. Auch wenn sich zunächst kein Erfolg einstellt, sollten Sie weiterüben. Bemühen Sie sich, erst einmal genau zu beobachten, was passiert. Lassen Sie alle besonderen Erwartungen los.
2. Stellen Sie fest, welcher Arm Ihr Gebrauchsarm ist. Das ist wichtig für die Reihenfolge der Übungen. Wenn Sie Rechtshänder

sind, sollten Sie zunächst Ihren rechten Arm in die Formel »Mein rechter/linker Arm wird schwer« einbauen, beim zweiten Durchgang dann den linken. Linkshänder gehen in umgekehrter Reihenfolge bei dieser Übung vor.

3. Begeben Sie sich für Ihre ersten Übungen in einen Raum, der ruhig, warm und etwas abgedunkelt ist. Vergewissern Sie sich, daß Sie für einen Zeitraum von etwa 20 Minuten nicht gestört werden und kein Telefon oder Ihre Kinder Sie aus der Konzentration bringen können. Teilen Sie Ihren Familienmitgliedern mit, daß Sie diese 20 Minuten für Ihre Übungen brauchen.

4. Lernen Sie die ersten Übungen zu Hause in Ihrer vertrauten Umgebung. Dort lassen sich die genannten Bedingungen von Stille und Ungestörtheit am leichtesten herstellen. Bald werden Sie auch an anderen Orten, beispielsweise an Ihrem Arbeitsplatz oder unterwegs in einem Zug, üben können, ohne besonders abgelenkt zu werden. Doch für den Anfang sollten Sie es sich nicht unnötig schwermachen.

5. Entscheiden Sie sich, ob Sie lieber im Sitzen oder im Liegen üben wollen. Sie können die Übungshaltung auch wechseln, um so die für Sie bessere herauszufinden. Wenn Sie feststellen, daß Sie beim Üben leicht einschlafen, sollten Sie im Sitzen üben.

6. Ob Sie bei Ihrem Training Kassetten oder Musik einsetzen, ist Ihre Entscheidung. Viele Erfahrungen sprechen dafür, das Autogene Training ohne Hilfsmittel zu erlernen. Sie richten Ihre Aufmerksamkeit stärker auf die Übungen und steigern Ihre Konzentrationsfähigkeit.

7. Stellen Sie eine Uhr, die Ihnen das Ende der gewünschten Übungszeit anzeigt. Dafür eignen sich z. B. Eieruhren, die Sie aber nicht allzu schrill aus der Entspannung reißen. So verhindern Sie, daß sich die Angst einstellt, Sie könnten einschlafen und die Übungen nicht rechtzeitig beenden. Wenn Sie wissen, daß Ihnen das Ende der Übungszeit angezeigt wird, können Sie sich ganz beruhigt fallenlassen.

8. Nehmen Sie nun Ihre Übungshaltung ein, und überprüfen Sie diese. Sie sollten für die Dauer der Übung in dieser Position verharren können, ohne daß Sie sich umlegen oder umsetzen müssen. Wenn Sie sich trotzdem während der Übungen bewegen wollen, weil es zwischenzeitlich für Sie unbequem geworden ist, so tun Sie das. Das Aufrechterhalten einer unbequemen Haltung stört die Konzentration mehr als kleine Bewegungen. Verfahren Sie auf diese Weise auch, wenn Sie sich kratzen möchten, Sie Hustenreiz verspüren, niesen oder schlucken müssen. Geben Sie diesen Impulsen nach, wenn sie sich hartnäckig halten. Viele Reaktionen dieser Art werden erst durch das Autogene Training ausgelöst, und es ist unnötig, sie zu unterdrücken. Verhindern Sie, daß eine Beengung z. B. durch Gürtel, Krawatte oder unbequeme Kleidung entsteht. Wenn Ihnen kühl ist, decken Sie sich mit einer leichten Decke zu.

9. Wenn Sie Geräusche wahrnehmen, so registrieren Sie diese einfach. Sie sind nicht von Bedeutung (sofern sie nicht allzu laut sind). Schließen Sie Ihre Augen. Dies sollte kein Problem darstellen, wenn Sie allein trainieren. Ist es Ihnen beim Training in der Gruppe unangenehm, so lassen Sie die Augen zunächst geöffnet. Beachten Sie aber, daß dann die Entspannung schwerer fällt. Versuchen Sie mit fortschreitender Übung das dafür notwendige Vertrauen in Ihre Umgebung zu finden. Dadurch fördern Sie die »Innenschau in der Versenkung«, wie Schultz es nannte. Registrieren Sie Ihre innere Verfassung, wenn möglich, machen Sie sich ein Bild davon. Denken Sie sich: »Was ich fühle, das fühle ich eben.« Danach können Sie sich auf die Übungen konzentrieren und werden nicht so sehr durch Ihre Stimmungen abgelenkt.

Die Grundübungen

10. Bleiben Sie in Ihrer Übungshaltung, und beginnen Sie nun mit der Ruhetönung, indem Sie sich innerlich vorsagen: »Ich bin ganz ruhig und entspannt.« Trifft das nicht zu, weil Sie innerlich unruhig

sind, wählen Sie die Formel: »Die Ruhe kommt von ganz allein.« Benutzen Sie die Variante, die Ihnen angenehmer ist. Sprechen Sie sich diese Ruhetönung fünf- bis sechsmal langsam innerlich vor.

11. Nun gehen Sie zu der ersten Formel der Unterstufe über. Sprechen Sie in Gedanken: »Mein rechter/linker Arm ist angenehm schwer.« Diese Formel wiederholen Sie fünf- bis sechsmal. Sie können die Entspannungswirkung steigern, indem Sie dieses innere Vorsprechen in Ihren Atemrhythmus einbinden und beispielsweise das Satzende »... schwer« mit dem Ausatmen ausklingen lassen. Konzentrieren Sie sich auf die Gefühle, die sich dabei in Ihrer Hand einstellen.

12. Nun wenden Sie sich dem anderen Arm zu, indem Sie sich vorsagen: »Mein linker/rechter Arm wird schwer.« Auch diese Formel wiederholen Sie fünf- bis sechsmal. Lenken Sie dabei Ihre Aufmerksamkeit auf die angesprochene Hand, und beobachten Sie einfach nur, ob sich Empfindungen einstellen und welche es gegebenenfalls sind.

13. Nun sind die Beine an der Reihe. Die Formel lautet: »Beide Beine sind angenehm schwer.« Wiederholen Sie diese Formel in Gedanken fünf- bis sechsmal.

14. Leiten Sie mit der Wiederholung der Ruhetönung zu der zweiten Formel der Unterstufe über. Sie wiederholen zwei-, dreimal die Ruhetönung: »Ich bin ganz ruhig und entspannt« oder »Die Ruhe kommt von ganz allein«.

15. Die Formel für die zweite Übung, die Wärmeübung, lautet dann: »Mein rechter/linker Arm ist angenehm warm.« Sie können sich auch alternativ sagen: »Mein rechter/linker Arm ist wohlig warm durchströmt.« Auch diesen Satz wiederholen Sie fünf- bis sechsmal, langsam, vorzugsweise in Ihrem Atemrhythmus.

16. Nun widmen Sie sich dem zweiten Arm. Wiederholen Sie die Formel »Mein linker/rechter Arm ist angenehm warm«, mit der nun der andere Arm angesprochen wird, ebenfalls fünf- bis sechsmal nacheinander.

17. Wie bei der Schwereformel werden beide Beine gleichzeitig einbezogen. Die Formel hierfür lautet: »Beide Beine sind angenehm warm« oder auch »Beide Beine sind angenehm warm durchströmt«. Wiederholen Sie diese Übung fünf- bis sechsmal.
18. Wenn Sie nun das Training beenden möchten, leiten Sie die Rücknahme ein. Ansonsten können Sie die Entspannung noch genießen und wirken lassen, bis die Uhr signalisiert, daß ihre Trainingszeit vorüber ist. Starten Sie dann mit der Rücknahme.
19. Die Rücknahme: Sie zählen innerlich von eins bis zehn und werden dadurch immer wacher. Bei zehn angelangt, strecken und recken Sie sich. Spannen Sie Ihre Arme an, atmen Sie tief durch und öffnen Sie anschließend die Augen. (Atem fest, Arme gespannt, Augen auf).
20. Bleiben Sie noch für wenige Momente in Ihrer Übungsposition, und beobachten Sie sich. Sind Sie wieder wach? Wenn nicht, wiederholen Sie die Rücknahme so oft wie nötig. Die in den Übungen erreichte Entspannung soll dabei nicht gestört werden. Diese Rücknahme nimmt Ihnen nicht die Entspannung, sondern beendet die Versenkung. Das Ziel ist, daß Sie nach dem Autogenen Training wach und entspannt sind, um anschließend wieder Ihrer Tätigkeit nachgehen zu können.
21. Die Rücknahme entfällt, wenn Sie einschlafen wollen. Sie überlassen sich dem Schlaf. Das Training endet dann bei Schritt 17 dieses Startprogramms.
22. Notieren Sie anschließend in einem Übungsprotokoll die Zusammenfassung Ihrer Übung, Ihre Empfindungen, etwaige Störungen und andere bemerkenswerte Vorkommnisse. Sie können dazu den Vordruck aus dem Anhang dieses Ratgebers benutzen. Wenn Sie die Übungen zum Einschlafen gemacht haben, notieren Sie Ihre Beobachtungen am nächsten Morgen.

Überblick über die verwendeten Formeln für das Startprogramm

Ruhetönung:
»Ich bin ganz ruhig und gelassen/entspannt« oder
»Die Ruhe kommt von ganz allein«
Schwereübung:
»Der rechte/linke Arm ist (sehr) schwer«
»Der linke/rechte Arm ist (sehr) schwer«
»Beide Beine sind angenehm schwer«
Ruhetönung:
»Ich bin ruhig und gelassen«
Wärmeübung:
»Der rechte/linke Arm ist angenehm warm«
»Der linke/rechte Arm ist angenehm warm«
»Beide Beine sind angenehm warm«
Rücknahme:
Zählen von eins bis zehn, dann
Atem fest, Arme gespannt, Augen auf
Übungsprotokoll

Nachdem Sie dieses Startprogramm mit den Grundübungen mehrmals absolviert haben, sollten sich die beabsichtigten Körperreaktionen einstellen. Im Normalfall wird damit auch das Eintreten von Ruhe und Entspannung einhergehen.

7. Leitfaden für die gesamte Unterstufe

Sie sind nun in der Lage, die weiteren Übungen der Unterstufe, die sogenannten Organübungen, zu trainieren. Wenn Sie diese durchgeführt haben, ist Ihnen der komplette Übungsdurchgang der Unterstufe möglich. Die Übungsdauer kann sich dann auf bis zu 20 Minuten verlängern. Sie müssen nicht jedesmal den kompletten Übungsablauf absolvieren. Sie können mit zunehmender Übungspraxis auch einzelne Formeln herausnehmen und isoliert üben.

Achtung!
Die Übungssitzungen werden in jedem Fall mit der Ruhetönung begonnen und mit der Rücknahme beendet, auch wenn Sie nur einzelne Formeln anwenden wollen.

Beginnen Sie mit den Grundübungen, wie im Startprogramm ab Schritt 10 angegeben. Die Vorbereitungsschritte von 1 bis 9 kennen Sie nach mehrmaligem Üben bestimmt schon auswendig.

Statt mit der Rücknahme nach Schritt 17 aufzuhören, reihen Sie nun einfach die weiteren Formeln an das Startprogramm. Diese werden ebenfalls fünf- bis sechsmal wiederholt. Als Übergang zwischen zwei Formeln führen Sie die Ruhetönung jeweils zwei- bis dreimal aus.

Der vollständige Übungsablauf

Startprogramm von Schritt 1 bis 17	
Ruhetönung	2–3mal
Schwereübung	5mal
Wärmeübung	5mal

Organübungen	
Herzregulierung (Herzformel): »Mein Herz schlägt ruhig und regelmäßig/kräftig«	5mal
Ruhetönung: »Ich bin ruhig und gelassen«	2–3mal
Atemeinstellung: »Der Atem ist ruhig und regelmäßig«	5mal
Ruhetönung: »Ich bin ruhig und gelassen«	2–3mal
Leibübung (Sonnengeflechtsübung): »Der Bauch ist wohlig warm durchströmt«	5mal
Ruhetönung: »Ich bin ruhig und gelassen«	2–3mal
Stirnkühleübung: »Die Stirn ist angenehm kühl«	5mal
Rücknahme: Zählen von eins bis zehn, dann Atem fest, Arme gespannt, Augen auf	einmal
Übungsprotokoll	

Nun haben Sie die Grund- und Organübungen der Unterstufe absolviert. Üben Sie regelmäßig. Wenn Sie die Unterstufe bis zu diesem Punkt gut beherrschen, können Sie die weiteren Anwendungen des Autogenen Trainings, also die intensionalen Formeln und die organspezifischen Formeln einüben. Mit diesen speziellen Formeln können Sie gewünschte Verhaltensänderungen bewirken oder auf Organfunktionen Einfluß nehmen. Wie derartige Formeln zu bilden sind und welche Wirkungen Sie damit erreichen können, entnehmen Sie bitte dem Kapitel V/3.

Im folgenden Beispiel entwickelt ein Übender für sich die intensionale Formel »Ich spüre eine tiefere innere Ruhe«, da er an Unruhezuständen und Nervosität leidet. Sein Übungsablauf gestaltet sich so:

Ruhetönung Schwereübung Wärmeübung	2–3mal 5mal 5mal
Herzregulierung (Herzformel): »Mein Herz schlägt ruhig und regelmäßig/kräftig«	5mal
Ruhetönung: »Ich bin ruhig und gelassen«	2–3mal
Atemeinstellung: »Der Atem ist ruhig und regelmäßig«	5mal
Ruhetönung: »Ich bin ruhig und gelassen«	2–3mal
Intensionale Formel: »Ich spüre eine tiefe, innere Ruhe«	3mal
Ruhetönung: »Ich bin ruhig und gelassen«	2–3mal
Leibübung (Sonnengeflechtsübung): »Der Bauch ist wohlig warm durchströmt«	5mal
Ruhetönung: »Ich bin ruhig und gelassen«	2–3mal
Intensionale Formel: »Ich spüre eine tiefe, innere Ruhe«	3mal

Ruhetönung: »Ich bin ruhig und gelassen«	2–3mal
Stirnkühleübung: »Die Stirn ist angenehm kühl«	5mal
Rücknahme: Zählen von eins bis zehn, dann Atem fest, Arme gespannt, Augen auf	einmal
Übungsprotokoll	

VI. Die Oberstufe des Autogenen Trainings

1. Grundlagen

Die Oberstufe besteht aus elf Übungen, die nacheinander absolviert werden. Voraussetzung für den Übungsbeginn ist die sichere und vollständige Beherrschung der Unterstufe. Die völlige Entspannung und die spezifische Umschaltung sollten prompt hergestellt und für 30 bis 60 Minuten aufrechterhalten werden können. Dies setzt in der Regel mindestens eine halbjährige Übungspraxis der Grundstufe voraus. Denken Sie daran, daß die Übungen der Oberstufe des Autogenen Trainings nur gemeinsam mit therapeutisch geschultem Fachpersonal durchgeführt werden darf.

Schultz entwickelte die elf Übungen der Oberstufe unter psychoanalytischen Gesichtspunkten. Die Bilder, die während der Innenschau in der Versenkung entstehen, können interpretiert werden – auch psychoanalytisch –, vergleichbar zu den Bildern, die man während eines Traums produziert.

Traum

Auch wenn die Vorgänge beim Träumen noch nicht genau geklärt sind, so weiß man doch, daß es eine wichtige Funktion für die menschliche Psyche hat. Jeder Mensch träumt während des Schlafs mehrmals. Verhindert man dies für mehrere Wochen, entstehen nicht wiedergutzumachende (irreversible) psychische Schädigungen. Im Schlaf können wir Bilder wahrnehmen, die nicht vom Auge gesehen werden, sondern die das Gehirn alleine erzeugt. Sie haben oft einen unmittelbaren Bezug zu den Erlebnissen der vorherigen Stunden und Tage. Es werden aber auch äußere Reize, wie beispielsweise Geräusche, in das Traumgeschehen eingebaut. Die Psychoanalyse geht davon aus, daß im Schlaf die rationalen Kontrollmechanismen außer Kraft gesetzt sind und sich deshalb verdrängte Triebwünsche bildhaft äußern. Mit Hilfe der Traumdeutung versucht man, die inneren Bilder zu verstehen und deren Auslöser zu ergründen, um so einen Zugang zum Unbewußten zu erlangen, das sich im Wachzustand einer Erforschung entzieht.

Das Ziel der Oberstufe des Autogenen Trainings besteht in der Steigerung der Selbsterkenntnis, auch durch die Aufarbeitung verdrängter Bewußtseinsinhalte. Schultz sprach in diesem Zusammenhang von Autopsychokatharsis und Autopsychoanalyse, also von einer Eigentherapie durch das Erleben und Analysieren der inneren Bilder und Gefühle. Wesentliches Merkmal der Oberstufenarbeit ist der Eigenanteil des Übenden, der in der Interpretation der Bilder besteht. Nicht der Therapeut deutet die Assoziationen, wie dies bei der klassischen Psychoanalyse der Fall ist, sondern der Übende stellt die Zusammenhänge selbst her. Der Trainer unterstützt ihn hierbei nur. Damit bleibt das wesentliche Element des Autogenen Trainings, die Autonomie, gewahrt. Der Übende entscheidet selbst über die Entwicklung seiner Selbsterkenntnis.

Durch die mögliche psychoanalytische Deutungsweise dieser inneren Bilder, die während der Übungen entstehen, wird die Oberstufe zu einem Verfahren, das der Psychoanalyse ähnelt. Dem Wesen nach ist die Oberstufe des Autogenen Trainings allerdings eine Form der Meditation.

Psychoanalyse

Die Psychoanalyse ist eine der bekanntesten psychotherapeutischen Methoden, an deren Begründung Sigmund Freud (1856–1939) maßgeblich beteiligt war. Freud schuf mit diesem Verfahren ein Modell der Psyche, das im wesentlichen die Existenz verschiedener Bewußtseinsebenen annahm. Er nannte sie das Bewußtsein, das Vorbewußtsein und das Unbewußte.

Diese drei nebeneinander existierenden Stufen besitzen jeweils eine eigene Dynamik, die bestimmten Gesetzmäßigkeiten folgt. Freud ging außerdem von drei den Menschen bestimmenden Instanzen aus: Über-Ich, Ich und Es. Das Über-Ich repräsentiert Werte, Ideale und anerzogene Vorstellungen. Das Ich ist die Person mit ihren Wünschen und Bedürfnissen, Gefühlen und Gedanken. Das Es schließlich steht stellvertretend für sämtliche Triebe des Menschen, zu denen in erster Linie die Sexualität, aber auch aggressive Impulse, Hunger und Durst sowie die Selbstbehauptung gezählt werden. Das Es als Hauptantrieb menschlichen Handelns bezeichnete Freud als Libido, der Ausdruck für die sogenannte Lustsuch-Energie. Während das Es nach einer sofortigen Triebbefriedigung strebt, arbeitet das Ich nach dem Realitätsprinzip, indem es versucht, die Umwelt so zu gestalten, daß eine Triebbefriedigung möglich wird. Das Über-Ich als moralische Instanz bewertet dabei die Triebe und die Vorgehensweise des Ich. Für das Über-Ich inakzeptable Wünsche und Triebe werden von den Abwehrmechanismen des Ich verdrängt und in den unbewußten Persönlichkeitsanteil verbannt. Verdrängung, Projektion, Regression und Leugnung zählen zu den bekanntesten Abwehrmechanismen.

Die Oberstufe beginnt mit der Bearbeitung der Schwierigkeiten, die sich aus dem Training der Unterstufe ergeben haben. Danach erst wendet man sich den eigentlichen Übungen der Oberstufe zu. Sie werden überwiegend in Gruppen von fünf bis zehn Teilnehmern vermittelt, die hinsichtlich Alter und Geschlecht gemischt sein sollten. Dies ist in etwa auch die Größe einer analytischen Therapiegruppe. Der Vorteil liegt in der gegenseitigen Motivierung und im Erfahrungsaustausch der Teilnehmer. Es ist auch möglich, die Oberstufe in Einzelsitzungen weiterzuführen, wenn eine Einzeltherapie für einen der Teilnehmer im psychotherapeutischen Sinne nutzbringend erscheint.

Sobald mit einer Übungsreihe begonnen wurde, sollte eine Gruppe nicht mehr erweitert werden, um vertrauensbildende Prozesse nicht zu stören. Eine Neuaufnahme ist auch deshalb nicht angezeigt, da die Übungen aufeinander aufbauen. Nach Abschluß der insgesamt rund zwölf bis 15 Sitzungen kann man die Gruppe weiterführen, und – wenn notwendig – einzelne Teilnehmer in Einzeltherapien entlassen.

Die elf Übungen der Oberstufe sind vor allem zur Vertiefung der Entspannung und zur Steigerung der Selbsterkenntnis gedacht. Für sie alle gilt – ebenso wie bei der Unterstufe – das Prinzip des Geschehenlassens. Die Übungen sind nach Schwierigkeitsgrad geordnet. Während die ersten Aufgaben relativ bald erlernt sind, ist für die späteren eine sehr gute Beherrschung der Technik nötig.

Die erste Übung dient dem Einstieg in die Oberstufe und ist Vorbereitung für die folgenden Aufgaben. Diese bestehen darin, gezielte Vorgaben durch die konzentrierte Innenschau als Bilder oder Begriffe vor dem inneren Auge entstehen zu lassen.

Schultz empfahl zu Beginn der Oberstufe, den Blick beider Augäpfel nach innen-oben zu richten. Das heißt, die Augen sind mit halbgeschlossenen Lidern zur Stirnmitte gerichtet. Diese Stellung kann man nur im entspannten Zustand längere Zeit aufrechterhalten, zudem wirkt sie selbst wieder entspannend. Viele Meditationstechniken benutzen diese Technik.

2. Übungen

Damit Sie sich vorstellen können, was Sie bei den Übungen der Oberstufe erwartet, werden diese kurz beschrieben.

- Die freie Farbe
- Die gezielte Farbe
- Die Zitrone
- Würfel, Kreis, Dreieck
- Die Meer-Übung
- Die Berg-Übung
- Der abstrakte Begriff
- Die freie Person
- Die gezielte Person
- Die Frage an das Unbewußte
- Die eigene Person

Die freie Farbe

Nach der Einleitung mit dem Blick nach innen-oben beginnt man mit der ersten Aufgabe, der Entwicklung einer freien Farbe. Sie versuchen mit geschlossenen Augen, vor dem inneren Auge eine beliebige Farbe entstehen zu lassen. Bei dieser spontan erscheinende Farbe handelt es sich um die sogenannte Eigenfarbe, diese variiert je nach Stimmung bzw. Gemütslage und hat nichts mit individuellen Vorlieben zu tun. Auch Nichtfarben wie Schwarz, Weiß und

Grautöne können dabei vorkommen. Die Formel für diese Übung lautet: »Vor dem inneren Auge entwickelt sich eine Farbe.«

Die gezielte Farbe

Diese Übung wird wie die obige durchgeführt, jedoch besteht die Aufgabe nun darin, eine ganz bestimmte Farbe entstehen zu lassen. Die Formel hierfür lautet: »Vor dem inneren Auge entwickelt sich Blau (Rot, Gelb oder andere).« Die vorgestellten Farben sollen abstrakt bleiben, das bedeutet, daß sie abstrakt erscheinen sollen, nicht in Verbindung mit irgendwelchen Gegenständen.

Die Zitrone

Wenn Sie mit Hilfe der zweiten Übung gelernt haben, festgelegte Farben vor Ihrem inneren Auge entstehen zu lassen, gehen Sie dazu über, sich Gegenstände in einer bestimmten Farbe vorzustellen. Ihre spezielle Aufgabe besteht darin, beispielsweise die Farbe Blau zu bilden und eine Zitrone in dieser Farbe zu sehen. Die Formel hierzu lautet: »Vor meinem inneren Auge entwickelt sich eine Farbe, ich sehe ein tiefes Blau.« Wenn sich anfangs eine andere Farbe aufdrängt, können Sie zunächst auch mit dieser weitermachen. Das Ziel, aus der gewählten Farbe – in diesem Fall Blau – eine Zitrone zu bilden, bleibt dennoch bestehen.

Würfel, Kreis, Dreieck

In dieser Übung ist gefordert, daß Sie geometrische Figuren vor dem geistigen Auge bilden. Die Formel lautet: »Vor dem inneren Auge entwickelt sich ein Würfel.« Aber auch andere, von Ihnen selbst gewählte und abstrakte Gegenstände (Kreis, Dreieck) können als Ziel gewählt werden.

Die Meer-Übung

Diese Übung wird mit einer Formel, die Sie sich selbst ausdenken, durchgeführt. Stellen Sie sich vor, daß Sie auf dem Meer – also der Wasseroberfläche – liegen. Ist dies deutlich wahrnehmbar, setzen Sie die Übung fort, indem Sie in der Vorstellung im Wasser absinken. Wichtig sind dabei die Empfindungen und die Eindrücke, die während des Sinkens spürbar werden, weniger das Erreichen des Grundes.

Die Berg-Übung

Vor Ihrem inneren Auge erscheint mit Hilfe einer eigenen Formel ein Berg, den Sie besteigen wollen. Danach gehen Sie in Ihrer Vorstellung auf den Berg hinauf, achten Sie dabei auf die Eindrücke und Erlebnisse während der Wanderung.

Der abstrakte Begriff

Mit dieser Übung ist es möglich, abstrakte Begriffe zu konkretisieren. Fügen Sie in die Formel »Vor meinem inneren Auge entwickelt sich ein Bild, ich sehe …« einen abstrakten Begriff ein, zu dem Sie eine vertiefte Betrachtung anstellen wollen. Sie können beispielsweise Glück, Friede oder Abschied wählen. Auch durch spezielle Wörter mit deutlichem Bezug zu Ihnen selbst können Sie die Formel ergänzen. Stellen Sie sich das Wort in großen Buchstaben geschrieben, gesprochen oder auch gemalt vor. Zu diesem abstrakten Begriff entstehen dann Bilder, die für Sie einen Aussagewert haben.

Die freie Person

Bei dieser Übung widmet man sich der Betrachtung einer beliebigen Person, die vor dem inneren Auge entsteht. Die Formel lautet: »Vor meinem inneren Auge entwickelt sich ein Bild, ich sehe den anderen.« Sie können die entstehende Person dann in Entspannung und Ruhe betrachten, ohne zu werten oder zu urteilen. Schauen Sie die Person mit der inneren Haltung »So ist er (sie)« an. Dies führt eventuell zu einer sozialen Angstminderung und zu mehr Freiheit bei Kontakten mit anderen Menschen. Wenn sich wertende Gedanken in den Vordergrund stellen, so registrieren Sie diese, ohne ihnen Bedeutung zuzumessen. Schieben Sie sie dann einfach weg, und führen Sie die Betrachtung fort.

Die gezielte Person

Gehen Sie so vor, wie in der vorhergehenden Übung beschrieben, jedoch jetzt mit dem Ziel, eine ganz bestimmte Person zu entwikkeln. In die Formel »Vor dem inneren Auge entwickelt sich ein Bild, ich sehe …« wird der Name dieses Menschen eingefügt. Die dabei entstehenden Empfindungen haben einen großen analytischen Wert.

Die Frage an das Unbewußte

In dieser Übungen können ganz gezielte Fragen an das eigene Innere, das Unbewußte, gestellt werden. In bildhafter Weise entstehen Antworten, die nur in der Versenkung möglich sind. Formeln wie

»Was will ich in dieser Situation?«, »Wie komme ich weiter?« oder »Was ist der Sinn meiner Arbeit?« entwickeln Sie gemeinsam mit dem Übungsleiter.

Die eigene Person

Die Vergegenwärtigung der eigenen Person steht im Zentrum der letzten Übung der Oberstufe. Die Formel lautet: »Vor meinen inneren Auge entwickelt sich ein Bild, ich sehe mich selbst.« Dies stellt eine Selbstreflexion auf bildhafter Ebene dar, bei der Sie tiefe Erkenntnisse über sich selbst gewinnen können.

Die ersten sieben Übungen sind visueller Art, die folgenden vier dienen der Persönlichkeitsentwicklung. Sie alle eignen sich dafür, das eigene Unbewußte zu ergründen und besser zu verstehen. Dabei vertieft sich Ihr Wissen über die eigene Persönlichkeit, die Selbsterkenntnis und -erfahrung verstärkt sich. Damit geben Sie sich die Möglichkeit, das Denken über sich sowie über Probleme und Zusammenhänge, die Sie betreffen, zu verändern. Tiefgreifende Einsichten in die Persönlichkeit werden dadurch möglich.

Das Unbewußte

Alle tiefenpsychologischen Theorien gehen von der Annahme aus, daß die Persönlichkeit des Menschen aus verschiedenen Bewußtseinsebenen besteht. Eine davon ist unserem Wachbewußtsein mit seinen rationalen, analytischen Fähigkeiten nicht zugänglich und entzieht sich somit unserer Selbstbeobachtung, das Unbewußte genannt. Hier liegen die archaischen Triebe des Menschen, die ihm aus der Urzeit erhalten blieben, wie der Wunsch nach Nahrung, Sexualität, Aggression und andere. Bisher konnte das Vorhandensein eines Unbewußten noch nicht bewiesen werden, dennoch müssen wir von seinem Vorhandensein ausgehen. Phänomene wie Träume, Fehlleistungen, Wahninhalte, Halluzinationen und bestimmte Ereignisse in der Hypnose können bisher nur durch die Annahme eines unbewußten Persönlichkeitsanteils annähernd begriffen werden. Das Unbewußte enthält alle seelischen Inhalte und Vorgänge, die sich unterhalb der Bewußtseinsschwelle abspielen. Es ist jedoch nicht als grenzenloser Speicher für inakzeptable Triebwünsche zu verstehen. Energie muß aufgebracht werden, um die in das Unbewußte verdrängten Triebe auch dort zu belassen. Der Zweck dieses Mechanismus besteht darin, das Individuum zu schützen, da es so äußerst belastende Ereignisse, Triebregungen und Kränkungen nicht sofort bewältigen muß, sondern zunächst einmal verdrängen kann. Zu einem späteren Zeitpunkt ist es dann möglich, diese Belastungen nach und nach in kleinen Abschnitten zu bearbeiten. Dabei können Störungen entstehen, wenn sich Verdrängtes der Bewältigung entzieht und für das Individuum nicht greifbar wird. Durch Techniken der Psychoanalyse versucht man diese tiefen Bewußtseinsinhalte wieder zu erreichen, um eine Bearbeitung zu ermöglichen. Auch die Oberstufe des Autogenen Trainings ist ein geeignetes Mittel, um mit einem hierfür ausgebildeten Therapeuten solche verdrängten Inhalte zu bearbeiten.

Neben der Verdrängung existieren noch andere Abwehrmechanismen, wie beispielsweise der Rückfall in kindliche Handlungsmuster (Regression), die Weigerung, die unangenehme Wirklichkeit wahrzunehmen (Leugnung), die Befriedigung nicht erfüllter sexueller Wünsche durch Ersatzhandlungen (Sublimierung) und andere.

Anleiter der Oberstufe des Autogenen Trainings sollten eine psychotherapeutische Ausbildung besitzen, um mit den Bildern der Teilnehmer, die sich während der Übungen der Oberstufe entwickeln, verantwortungsvoll und hilfreich umgehen zu können.

VII. Autogenes Training mit Kindern

Seit dem Bestehen des Autogenen Trainings war es dem Begründer Schultz ein wesentliches Anliegen, daß seine Methode unverändert blieb. Es gab deshalb nur wenige von ihm selbst autorisierte Veränderungen und Ergänzungen. Viele seiner Schüler und die meisten Anleiter halten sich auch heute noch an seine Vorgaben. Für das Üben mit Erwachsenen ist diese Genauigkeit von Vorteil, da so die Methode unverfälscht bleibt. Die ursprüngliche Version hat sich auch als sicher gegenüber Mißbrauch und möglichen Gesundheitsgefahren erwiesen.

Will man diese Entspannungstechnik aber für Kinder nutzen, erweisen sich die Vorgaben als weniger brauchbar. Die Formeln sind zu rational und abstrakt, um von Kindern gut verstanden zu werden. Daher haben sich in den letzten Jahren einige Lockerungen der strengen Auffassung durchgesetzt. Es ist inzwischen allgemein anerkannt, daß die autogenen Formeln speziell für Kinder in Geschichten oder Spielen wirksam integriert werden können. Die Grundübungen (Ruhe, Schwere, Wärme) werden mit Hilfe von Märchen, Phantasiereisen oder mit Entspannungsspielen eingeführt und dienen so als Einleitung und Hinführung zum Autogenen Training. Beachten Sie, daß mit Kindern jedoch nur Übungen aus der Unterstufe durchgeführt werden dürfen.

Außerdem entwickelte man Geschichten mit therapeutischen Ansätzen, die gezielt bei Verhaltensstörungen, Aggressionen, Angstzuständen, Verweigerungshaltungen, Bettnässen, Schlafstörungen und anderen psychischen wie körperlichen Störungen der Kinder angewendet werden. Bei diesen Abwandlungen wird die kindliche Vorstellungskraft genutzt. Deshalb spricht man von imaginativen (lat.: bildhaft, anschaulich denkend) Verfahren. Sie eignen sich besonders für Kinder bis zu 13 Jahren, weil sie deren Denkstrukturen entsprechen. Kinder überlassen sich gerne der Phantasie und Tagträumen, zudem bewirkt dies, daß sie sich besserer konzentrieren können, als dies der Fall wäre, wenn man mit abstrakten Formeln arbeiten würde.

Entspannungstechniken ermöglichen Kindern eine wertvolle stille und besinnliche Beschäftigung. Die Kinder lernen, den Wechsel von körperlicher Anspannung zur Entspannung zu nutzen, um die Umschaltung zwischen Aktion und regenerierenden Prozessen zu fördern. Darüber hinaus erfahren sie dabei, daß das gesamte Leben durch Polaritäten, zwischen denen man sich ständig hin- und herbewegt, geprägt ist.

Um Kinder in eine ruhige Stimmung zu versetzen, haben sich auch sehr einfache Mittel bewährt, z. B. das Hören ruhiger Musik oder von Geschichten, eine Bildbetrachtung oder eine Massage, die behutsam ausgeführt wird. Innere Harmonie und Ausgeglichenheit stellen sich ein. Um diesen Zustand erreichen zu können, ist es besonders wichtig, jede Art von Leistungsdruck bei der Durchführung von Entspannungstechniken zu vermeiden. Achten Sie auch darauf, daß Sie ein Kind nicht dazu zwingen, Fortschritte bei der Ausführung der Übungen vorzuweisen.

Viele Kinder leiden unter einer Überforderung durch Schule, Elternhaus, Freundesgruppen und Freizeitbeschäftigungen. Daraus ergibt sich ein enormes Spannungsfeld an Erwartungen, die an sie gestellt werden. Aus diesem Grund ist es besonders wichtig, daß sich die Kinder bei den Übungen wohl fühlen.

Bemerken Sie, daß sich das Kind gut entspannen kann, so haben Sie das richtige Vorgehen gewählt. Stellt sich dieses Gefühl aber nicht ein, so sollten Sie eine andere Übungsform wählen und nicht das Kind dafür verantwortlich machen. Üben Sie mit den Kindern in einer Atmosphäre, die das Vertrauen fördert. Wählen Sie einen ruhigen Raum, und achten Sie darauf, daß Sie selbst entspannt und nicht noch atemlos und gehetzt vom Tagesgeschehen sind. Gönnen Sie sich selbst erst einige Minuten der Ruhe, bevor Sie mit den Kindern üben.

Wichtig!

Setzen Sie das Autogene Training und seine Abwandlungen (Phantasiereisen, Entspannungsspiele) keinesfalls bei Kindern ein, die an einer Kinderkrankheit leiden. Ihr Kind braucht eine ungestörte Genesungszeit.

Wenn Ihr Kind unter einer schwereren psychischen Störung leidet, sollten Sie qualifizierte Hilfe in Anspruch nehmen, beispielsweise die einer Erziehungsberatungsstelle, eines Kinderarztes, eines Psychologen oder eines Facharztes für Kinder- und Jugendpsychiatrie. Experimentieren Sie auf keinen Fall mit Ihrem Kind!

Viele körperliche und seelische Störungen bei Kindern entstehen aufgrund von Konflikten, die in der Familie oder zwischen bzw. mit den Eltern auftreten. In besonders belastenden Situationen entwickeln Kinder häufig Krankheitssymptome, die eindeutig psychosomatischer Natur sind. Bevor Sie damit beginnen, ausschließlich die Symptome zu beheben, muß zunächst differenziert untersucht werden, wo die wirklichen Ursachen für die Störungen liegen (Schule, Eltern, Freunde, Großeltern etc.). Sobald Sie an Ihrem Kind Störungen wahrnehmen, die Sie sich selbst nicht erklären können, empfiehlt es sich dringend, fachmännischen Rat zu suchen. Beachten Sie auch, daß gewisse therapeutische Übungen, etwa die Katathym-Imaginative Psychotherapie oder Übungen aus der Hypnosetherapie, nur von Therapeuten durchgeführt werden dürfen.

Einige ausgewählte Beispiele sollen das Vorgehen, das bei Kindern angewendet wird, verdeutlichen.

Beispiel »Kapitän Nemo«

Kinder können durch die »Kapitän-Nemo«-Geschichten von Ulrike Petermann in sogenannte Erlebnisbilder eintauchen. Die Grundidee besteht darin, daß das Kind an der Seite von Kapitän Nemo Unterwasserwelten besucht. Gemeinsam mit dem vertrauenerweckenden Kapitän Nemo und seinem Unterseeboot »Nautilus« können in 14 verschiedenen Geschichten Ausflüge unternommen werden, die jeweils mit den Vorbereitungen für diese Abenteuer beginnen. Bereits das Anziehen eines Taucheranzuges leitet die Entspannungswirkung ein. Die Geschichte beinhaltet auch Formeln aus dem Autogenen Training, z. B. »Mein rechter/linker Arm ist ganz ruhig«. Außerdem wird immer wieder der »Kapitän-Nemo«-Spruch »Nur ruhig Blut, dann geht alles gut!« wiederholt, der den Kindern Vertrauen, Zuversicht und Mut vermitteln kann.

Anschließend besucht das Kind gemeinsam mit Kapitän Nemo in jeder Geschichte ein anderes Ausflugsziel, beispielsweise den Korallenwald, die Delphinherde, die Unterwasserstadt Atlantis oder die Walfamilie.

Die Kassetten mit den Geschichten von Kapitän Nemo können Sie bestellen. Informationen finden Sie in der Literaturliste am Ende dieses Ratgebers.

Entspannungsübungen mit Kindern

Sie können die Übungen gemeinsam mit Ihren eigenen Kindern oder mit einer größeren Gruppe durchführen. Die Anzahl der Kinder sowie deren Alter und Entwicklungsstand bestimmen die Auswahl der Angebote. Nachfolgende Vorschläge eignen sich sowohl für ein Kind als auch für eine kleine Gruppe. Die Vorbereitungen für die Entspannungsübungen mit Kindern ähneln denen der Erwachsenen. Gehen Sie dabei folgendermaßen vor:

- Führen Sie die Übungen in einem ruhigen, warmen und freundlichen Raum aus.
- Die Kleidung sollte bequem sein und nicht etwa einschnüren.
- Schicken Sie die Kinder vor Übungsbeginn auf die Toilette, denn anders als Erwachsene vergessen Kinder dies manchmal. Harndrang kann die Entspannung stark behindern oder gar unmöglich machen.
- Helfen Sie den Kindern dabei, eine geeignete Übungshaltung zu finden, in der sie bequem sitzen oder liegen.

Einleitung für Kinder

Ihre Kinder oder die Kinder aus der Gruppe stehen Ihnen gegenüber oder bilden einen Kreis. Nun sollen sie sich vorstellen, daß sie Schneemänner seien, während Sie sich in der Mitte des Kreises in der Hocke zusammenkauern. Sagen Sie den Kindern, Sie stellten die Sonne dar. Wenn Sie sich langsam erheben, die Sonne also aufgeht, schmelzen die Schneemänner. Die Kinder sinken langsam zusammen und legen sich anschließend so flach wie möglich auf den Boden. So ergibt sich für die meisten Kinder automatisch eine ideale Übungshaltung, die nur manchmal noch geringfügig korrigiert werden muß. Weisen Sie die Kinder an, die Augen zu schließen. Sie können nun beginnen, eine Phantasiereise zu erzählen, beispielsweise eine Geschichte mit »Kapitän Nemo«.

Rücknahme für Kinder

Zur Beendigung der Entspannungssitzung führen Sie mit den Kindern die Rücknahme durch wie sie auch für Erwachsene gedacht ist. Erläutern Sie aber den Kindern zuvor Sinn und Zweck dieses Abschlusses.

Trainingshäufigkeit für Kinder

Kurze Entspannungsübungen können Sie mehrmals pro Woche praktizieren, längere Sitzungen mit Phantasiereisen wie beispielsweise die »Kapitän-Nemo«-Geschichten etwa einmal pro Woche.

VIII. Begleiterscheinungen und Gegenanzeigen

1. Mögliche Störungen während des Autogenen Trainings

Unabhängig davon, ob das Autogene Training alleine oder unter Anleitung in einer Gruppe erlernt wird, berichten die meisten Menschen am Anfang beim Üben von verschiedenen Störungen. Nach einer neueren Untersuchung sind folgende Probleme gehäuft zu beobachten:

Art der Störung	Häufigkeit des Auftretens
Ablenkende Gedanken	15,0 Prozent
Angst vor einem Kontrollverlust	9,0 Prozent
Beunruhigende Empfindungen	6,0 Prozent
Krämpfe	2,1 Prozent
Sexuelle Erregung	2,0 Prozent
Psychotische Phänomene	0,4 Prozent

Immer wieder berichten Übende auch von anderen körperlichen Begleiterscheinungen wie Schwitzen, Juckreiz, Herzklopfen, Unruhe, Zittern, vermehrtem Speichelfluß oder auch Mundtrockenheit. In der Regel verschwinden diese Symptome mit fortschreitender Praxis. Man sollte sich diesen Gefühlen auch nicht zu sehr widersetzen, sondern z.B. dem Hustenreiz nachgeben oder sich bei Juckreiz etwas kratzen. Wenn man diese Reize unterdrücken möchte, handelt man gegen das Prinzip, sich der Ruheeinstellung zu überlassen.

Tip

Wenn Sie sich während der Übungszeit bewegen wollen, beispielsweise um sich etwas umzulagern oder eine juckende Stelle zu reiben, so führen Sie diese Bewegungen langsam und mit Bedacht während des Ausatmens aus. So halten Sie die Störung ihrer Entspannung gering.

Schultz nahm an, daß sich diese Störungen auf die Initialunruhe zurückführen lassen, die zu Übungsbeginn entsteht, vor allem, wenn Menschen erstmalig mit dem Autogenen Training in Berührung kommen. Erwartungen, Vorbehalte und Unsicherheiten gegenüber der Gruppe oder der Methode können eine gesteigerte Grundspannung auslösen. Tritt während der ersten Übungen eine Entspannung ein, so entlädt sich diese Anspannung wieder in Form von vegetativen Fehlregulationen. Als Zeichen dafür gelten Benommenheit, Muskelzucken, Zittern, Spannungsgefühle, Juckreiz, Schmerzen, Schwindel, Schweißausbrüche, Herzklopfen, aber auch psychische Irritationen wie Ängste, innere Unruhe und Unsicherheit. Körperliche Phänomene wie Muskelkrämpfe und -zuckungen nannte Schultz autogene Entladungen, die mit Erscheinungen vergleichbar sind, die bei Epilepsie auftreten. Unwillkürliche Entladungen von Nervenimpulsen im Gehirn verursachen diese Verkrampfungen in den Muskeln. Epilepsiekranke weisen während des Autogenen Trainings höhere Krampfpotientale auf, was im EEG beobachtet werden kann. Äußerlich sichtbare Beeinträchtigungen bei der Entspannung treten dabei aber nicht auf.

Manche dieser Störungen, die durch die Entladung der Initialspannung auftreten, geben Hinweise auf frühere bzw. aktuelle körperliche oder seelische Verletzungen, Schwächen und Einschränkungen. In manchen Fällen spiegeln sie die innere Verfassung einer

Person wider. Nachfolgend werden die verschiedensten psychischen und körperlichen Störungen sowie ihre möglichen Ursachen genauer erläutert.

Psychische Irritationen

Die häufigste Störung ist das Nichteintreten des gewünschten Erfolgs. Zu hohe Erwartungen an das Autogene Training, Ungeduld und überzogene Leistungsansprüche an sich selbst führen dazu, daß der Übende sehr schnell einen Mißerfolg registriert, wenn der Körper nicht gleich reagiert. Es darf aber keinesfalls vergessen werden, daß es eine gewisse Zeit braucht, bis sich die Entspannung einstellt. Zu hohe Erwartungen verhindern dies jedoch. Daher empfiehlt es sich, als Anfänger eine entspannte Haltung gegenüber den eigenen Erfolgen aufzubauen, ohne dabei die Ernsthaftigkeit des Vorhabens zu vernachlässigen. Das Autogene Training hat viele Vorzüge, die sich jedoch erst nach längerer Zeit erschließen lassen. Das ist wahrscheinlich auch der Grund dafür, daß die Quote der Abbrecher eines Kurses üblicherweise recht hoch liegt.

Tip
Lassen Sie sich davon nicht abschrecken! Trainieren Sie einige Wochen lang, ohne zuviel von sich selbst zu fordern, und genießen Sie die jeweils erreichte Entspannung.

Weiterhin treten Störungen auf, die als Gefühl des Ausgeliefertseins beschrieben werden. Dies geschieht meistens dann, wenn das Autogene Training begonnen wird und ein unbekannter Trainer die Gruppe anleitet. In einem solchen Fall entstehen Unsicherheiten, zum einen, weil noch Unklarheit darüber herrscht, was der Leiter mit einem macht, zum anderen, weil man befürchtet, daß

Gefühle aufkommen, die nicht zu bewältigen und unkontrollierbar sind. Diese Sorge verringert sich meistens durch zunehmende Übungserfahrung und die daraus resultierende Sicherheit. Verliert sich diese Angst jedoch nicht, sollte deren Ursache untersucht werden.

Während der Übungen können Bilder und Gefühle aus dem Unterbewußten ins Bewußtsein vordringen, was nur in dieser speziellen Tiefenentspannung möglich ist. Normalerweise schützt sich die Psyche vor einem Kollaps durch überfordernde Bewußtseinsinhalte mit Hilfe von Abwehrmechanismen (s. Kasten, unten). In der Oberstufe des Autogenen Trainings werden diese Bilder gezielt entwickelt und besprochen, um Verdrängtes dann bearbeiten zu können.

Verdrängung

Die Verdrängung ist als Abwehrmechanismus aus dem psychoanalytischen Modell von Sigmund Freud bekannt. Nicht akzeptable Triebwünsche werden in das Unbewußte verlagert, damit sie nicht den bewußten, rationalen und bewertenden Persönlichkeitsbereich erreichen. Dies wird vom Individuum nicht bewußt wahrgenommen, erfolgt gewissermaßen automatisch. Trotzdem bleiben die verdrängten Wünsche und Triebe erhalten und rufen Ängste und Unsicherheiten hervor, da die Möglichkeit besteht, daß sie doch einmal in das Bewußtsein gelangen. Sie können Auslöser für verdeckte Aggressionen und Ängste sein. Das Unbewußte mit all seinen Aspekten nannte Freud einen Kessel voll brodelnder Erregung, der mit dem Deckel des bewußten Ichs verschlossen wird.

Ein Fallbeispiel kann diese innere Bildersprache eindrucksvoll darstellen:

Eine Frau, ca. 50 Jahre alt, erlebte in einer autogenen Übungsstunde eine bildhafte Verabschiedung ihrer Mutter, die einige Monate zuvor verstorben war. Bis zu dieser Entspannungssitzung hatte sie angenommen, daß sie den Tod ihrer Mutter weitgehend akzeptiert und verarbeitet hätte. Sie dachte wenig über den Verlust nach, weil dies noch sehr schmerzhaft für sie war. Im Entspannungszustand tauchte dann folgendes Bild in ihrem Inneren auf. Sie befand sich an einem Ort, an dem sie sich sehr wohl fühlte, in der Nähe eines Flusses. Plötzlich erschien ein kleines Boot. Darin stand ihre Mutter und winkte ihr zum Ufer hin zu. Winkend fuhr sie in dem Boot langsam vorüber, bis sie dann wieder in der Ferne verschwand. In einem Gespräch nach dieser Übung stellte die Frau fest, daß ihr dieses Bild zeigte, daß sie den Tod ihrer Mutter doch nicht so gut bewältigt hatte, wie sie zunächst gedacht hatte. Während der Entspannungsphase kam in ihr das Gefühl auf, daß die Mutter in ihrer Vorstellung erschienen war, um sich von ihr zu verabschieden. Dieses Bild half ihr, den Tod der Mutter leichter zu akzeptieren. Außerdem war sie der Ansicht, daß sie ihre Mutter auf diese Weise noch öfter sehen würde. Es schien ihr wichtig, die Auseinandersetzung auf der bildhaften Ebene weiterzuführen.

Somatische Empfindungen

Durch Konzentration auf körperliche Prozesse und durch die spezifischen Entspannungswirkungen des Autogenen Trainings treten körperliche Reaktionen auf, die – wie in Kapitel VIII bereits beschrieben – deutlich wahrgenommen werden können. Im folgenden werden eventuell auftretende störende Erscheinungen genauer dargestellt.

a) Myoklonien

Durch den raschen Abfall muskulärer Spannung in den Gliedmaßen kann es vor allem in den Beinen zu unwillkürlichen Zuckungen kommen. Viele kennen dieses Phänomen aus ihrer Einschlafphase, in der die Muskelspannung ebenfalls schnell absinkt. Diese Muskelzuckungen werden Myoklonien genannt. Sie sind harmlos und nicht zu verwechseln mit Krämpfen, die länger andauern und meist schmerzhaft sind.

b) Schwebegefühle

Manchmal wird die tiefe Entspannung wie ein Schwebezustand erlebt. Dabei ist es sogar möglich, daß der Übende in seinem Erleben aus dem Körper heraustritt und sich selbst beobachtet. Folgende Äußerung beschreibt diesen Zustand: »Ich fühlte meinen Körper nicht mehr, ich schwebte in die Höhe und beobachtete meinen Körper unter mir.« Diese recht markanten und starken Eindrücke können Unsicherheit und Angst auslösen, sie sind zwar primär harmlos, erfordern jedoch eine gewissenhafte Rücknahme am Ende des Trainings.

Achtung!
Wer unter einer psychischen Krankheit leidet, sollte mit derartigen Erlebnissen vorsichtig umgehen, da sie in seinem Fall ein Ausdruck psychotischer Entwicklungen sein können. Dies muß im Einzelfall mit einem Therapeuten abgeklärt werden.

c) Anästhesien

Sehr häufig berichten Übende von einem Gefühl der Taubheit in den Gliedmaßen. Die Arme oder die Beine werden nur noch schwach oder manchmal überhaupt nicht mehr wahrgenommen. Gerade diese Erscheinung setzt man gezielt zur Schmerzbehandlung ein. Diese Taubheitsgefühle sind harmlos und verschwinden nach der Sitzung wieder.

d) Überreaktionen

Es kommt vor, daß die Reaktionen deutlicher ausfallen als beabsichtigt. Beispielsweise werden die Arme unangenehm schwer, oder die Hände erwärmen sich so sehr, daß ein starkes Spannungsgefühl entsteht. Diese Überreaktionen sind nicht das Ziel des Autogenen Trainings und verhindern häufig die innere Entspannung. Da der Übende den Grad der Versenkung immer selbst bestimmt, kann er in diesen Fällen ein Vertiefen der Entspannung verhindern und mit Hilfe der Rücknahme das Autogene Training beenden. Wer erkennt, daß er zu solchen Überreaktionen neigt, sollte die Formeln entsprechend abschwächen. Sie könnten dann so lauten: »Die Arme werden angenehm schwer« statt »Die Arme werden sehr schwer«. »Die Arme werden wohlig warm durchströmt« statt »Die Arme sind ganz warm«. Auch die Formel »Die Arme werden etwas warm« erscheint sinnvoll.

e) Gegenteilige Reaktionen

Während der Übungen kann es vorkommen, daß eine gegensätzliche Empfindung zu der gewünschten entsteht. Beispielsweise stellt sich statt der Schwere eine Leichtigkeit ein. Es kann auch Kühle nach der Wärmeformel oder Unruhe statt Ruhe eintreten. Solche Erscheinungen sind harmlos und ohne größere Bedeutung, wenn sie im weiteren Übungsverlauf verschwinden. Sie stellen auch nicht unbedingt eine Störung dar, sondern können sogar zur Vertiefung der Entspannung beitragen. Wenn sich beispielsweise statt der Schwere ein Gefühl der Leichtigkeit in den Armen einstellt, das zu einem unwillkürlichen Anheben des Arms führt (Armlevitation), weist dies auf eine tiefe Entspannung hin.

f) Erinnerungsschmerzen

Eine weitere Störung besteht darin, daß eventuell Schmerzen auftreten, die auf frühere Verletzungen zurückzuführen sind. Schnittwunden, Verbrennungen und andere Schädigungen hinterlassen trotz Heilung an der verletzten Stelle eine Erinnerung. Selbst wenn eine Verletzung schon viele Jahre zurückliegt, kann ein Brennen oder Stechen an der betroffenen Stelle auftreten. Dieses Phänomen – auch Erinnerungsfähigkeit des Gewebes genannt – wird vermutlich durch den Vorgang der Narbenbildung und die langwierige Heilung des Nervengewebes verursacht. Solche Erinnerungsschmerzen sind ungefährlich, wenn auch unangenehm, und sie verschwinden im weiteren Übungsverlauf. Sollten sie jedoch nicht nachlassen, liegt eine andere Ursache zugrunde, die der ärztlichen Klärung bedarf.

g) Muskelzuckungen und Tics

Die Muskelzuckungen in den Gliedmaßen und das feine Zittern in den Gesichtsmuskeln entstehen als Folge autogener Entladungen oder als Begleiterscheinungen einer Neurose. Diese werden durch eine Neuordnung der bisherigen Fehlregulationen des vegetativen Gleichgewichts verursacht und sollten mit zunehmender Übung verschwinden.

h) Häufiges Einschlafen

Gelegentliches Einschlafen in der tiefen Entspannung stellt kein Problem dar. Beachten Sie aber auch, daß bei einer Übungsdauer von 20 Minuten – vor allem, wenn Sie erschöpft sind – die Bereitschaft dazu relativ hoch ist. Geschieht dies häufiger, als Ihnen lieb ist, dann verkürzen Sie die Trainingszeit etwas. Nach einiger Übung reichen schon vier bis fünf Minuten aus, um sich effektiv zu entspannen. Fällt Ihnen selbst jedoch auf, daß Ihre Müdigkeit sehr stark ausgeprägt ist, sollten Sie sich von einem Arzt untersuchen lassen. Unter Umständen weist ständige Müdigkeit auf eine grundsätzliche Erschöpfung oder eine Erkrankung hin, die möglicherweise in Behandlung gehört.

Hinweis

Wie schon erwähnt, können Sie das Autogene Training auch als Einschlafhilfe benutzen. In diesem Fall ist der oben beschriebene Effekt des Ermüdens selbstverständlich erwünscht und normalerweise leicht zu erzielen.

Tip

Sollte das Einschlafen sehr häufig auftreten und für den Übungsverlauf störend sein, so empfiehlt es sich, im Sitzen zu üben. Diese Haltung verhindert eher, daß Sie von einer Entspannung in den Schlaf gleiten.

2. Kontraindikationen

Bei bestimmten Störungen empfiehlt es sich, das Autogene Training nicht anzuwenden oder zumindest eine günstigere Zeit abzuwarten, um diese Technik zu erlernen. Bei den nachfolgend genannten Kontraindikationen handelt es sich nicht grundsätzlich um absolute Ausschlußgründe, es sind relative Gegenanzeigen. Falls Sie davon betroffen sind, sich aber dennoch für diese Entspannungstechnik interessieren, sollten Sie auf alle Fälle mit einem Arzt oder Therapeuten abklären, inwieweit sich das Autogene Training für Sie eignet und welche Einschränkungen eventuell zu beachten sind.

Achtung!
Seien Sie vorsichtig, wenn Ihnen jemand empfiehlt, wegen des Autogenen Trainings Ihre bisherige ärztliche oder psychotherapeutische Behandlung zu beenden. Besprechen Sie dies immer mit dem behandelnden Arzt oder Therapeuten. Vor allem sollten Sie nicht auf eigene Faust die Einnahme von Medikamenten, z. B. Psychopharmaka, reduzieren oder gar absetzen. Davon ist in jedem Fall dringend abzuraten!

Bei den folgenden Störungen sind die Vor- und Nachteile des Autogenen Trainings mit Bedacht abzuwägen:

- entspannungsinduzierte Angst;
- akute Psychose;
- Borderline-Syndrom;
- spastische Lähmung;
- Hypochondrie;
- aktuelle, sehr schwere Krisen.

Diese Störungen werden nun genauer erläutert, damit Sie für sich überprüfen können, ob bei Ihnen eine Gegenanzeige vorliegt und Sie sich deshalb vor dem Erlernen des Autogenen Trainings beraten lassen sollten.

Entspannungsinduzierte Angst

Grundsätzlich muß man sehr genau zwei Formen der Angst unterscheiden: die Angst **vor** der Entspannung und die Angst **durch** die Entspannung. Erstere kommt relativ häufig vor und resultiert aus dem Unbehagen, das durch ein neues Erlebnis – in diesem Fall das der Ruhe – entsteht. Letztere setzt ein, wenn die Entspannung beginnt. Sie ist als neurotische Störung zu werten und bedarf einer genaueren Analyse. Bevor diese nicht bewältigt ist, hat es keinen Sinn, mit dem Autogenen Training anzufangen, da Angst und Entspannung einander ausschließen. Solch ein Gefühl kann beispielsweise durch die Erfahrung einer Verletzung in der Entspannung oder durch die Befürchtung, einen inakzeptablen Kontrollverlust zu erleiden, begründet sein.

Akute Psychose

Akute Psychosen sind gekennzeichnet durch Wahnvorstellungen, zeitliche und räumliche Desorientierung, das Hören von Stimmen, Halluzinationen und andere Symptome. In der Regel befinden sich die betroffenen Personen während eines akuten psychotischen Schubs in einer sehr desolaten seelischen Verfassung, so daß die persönlichen Voraussetzungen für das Autogene Training nicht erfüllt sind. Daher ist in diesem Fall von dieser Technik abzuraten. Menschen mit einer akuten Psychose sind nicht in der Lage, die inneren Bilder und Gefühle, die bei der Entspannung entstehen könnten, von Wahninhalten, Halluzinationen und anderen krankhaften Symptomen zu trennen. In einer symptomfreien Zeit, eventuell zwischen zwei psychotischen Schüben, ist es unter Umständen für den Patienten möglich, das Autogene Training zu erlernen. Dies muß aber stets in Absprache mit einem behandelnden Facharzt erfolgen.

Psychose

Die Psychose ist eine Geisteskrankheit, deren Ursache noch nicht eindeutig nachgewiesen werden konnte. Sie tritt in unterschiedlichen Erscheinungsformen auf. Folgende Symptome geben Hinweise auf eine derartige Störung:

- Beeinflussung der Gedanken (das Hören von Stimmen, Gedankenentzug beispielsweise durch das Fernsehen oder durch Außerirdische);
- Wahnideen, Wahnwahrnehmungen;
- Glaube, eine andere Person zu sein oder außergewöhnliche Fähigkeiten zu besitzen;
- Halluzinationen;
- Gedankenabreißen;
- Ziellosigkeit, Trägheit, sozialer Rückzug.

Die bekannteste Form der Psychose ist die Schizophrenie, bei der vor allem Wahnvorstellungen und Halluzinationen vorherrschen.

Es konnte festgestellt werden, daß in allen Kulturkreisen etwa ein Prozent der Bevölkerung unter Psychosen leiden. Die Krankheit kann jedoch recht unterschiedlich verlaufen: Ein Drittel der Betroffenen erlebt nur einmal im Leben eine psychotische Episode und dann nie wieder. Ein zweites Drittel erlebt mehrere psychotische Schübe, die aber im Laufe der Jahre wieder abklingen. Schließlich ist noch das letzte Drittel zu erwähnen, diejenigen, die chronisch erkranken und lebenslang mit dem Wechsel von Psychosen und symptomfreier Zeit rechnen müssen.

Bei dieser Krankheit lassen sich keine eindeutigen Hinweise für eine rein körperliche oder seelische Ursache finden, daher geht man davon aus, daß es Menschen mit einer Veranlagung zu psychotischem Erleben gibt, das aber nur unter bestimmten Voraussetzungen tatsächlich im Lauf des Lebens auftritt. Mittlerweile wurden sehr gute medikamentöse Behandlungsmöglichkeiten entwickelt, die die Symptome einer Psychose stark verringern oder deren Ausbruch ganz vermeiden können.

Borderline-Syndrom

Der Begriff Borderline-Syndrom bezeichnet den Grenzfall zwischen Neurose und Psychose. Den Betroffenen kann keine der beiden Persönlichkeitsstörungen eindeutig zugeordnet werden. Es besteht eine Neigung zu meist kurzen, psychotischen Episoden, aber auch zu neurotischem Verhalten. Der zeitweise Verlust einer realistischen Wahrnehmung mit den dazugehörigen Ängsten stellt für Borderline-Patienten sowieso schon eine große Belastung dar. Daher ist vom Autogenen Training, das diese Personen durch zusätzlich Wahrnehmungserlebnisse und innere Bilder verwirren könnte, abzuraten. Eine betroffene Patientin meinte einmal, ihr würde das Erlernen der gelungenen Rücknahme eigentlich genügen. Damit drückte sie aus, daß die Borderline-Störung schon ausreichend Wahrnehmungen und Eindrücke produziert, die eher der Eingrenzung als einer Erweiterung bedürfen.

Ein weiteres zentrales Problem liegt darin, daß Borderline-Patienten sich oftmals nicht leiten lassen. Regeln und Grenzen werden von ihnen generell schwer akzeptiert. Deshalb wirkt die Anleitung durch einen Trainer und etwaige Einschränkungen in einer Trainingsgruppe eher belastend. Das Ziel der grundlegenden Entspannung ist auf diesem Wege also kaum erreichbar. Sollten Personen mit dieser Störung an Autogenem Training interessiert sein, ist ein Gespräch mit einem Psychiater über die individuelle Situation vonnöten, da Schwere und Art der Störung sehr unterschiedlich sein können.

Neurose

Bei der Neurose handelt es sich um eine psychische Störung ohne organische Ursache. Sie muß entwicklungsgeschichtlich verstanden werden, da sich die Neurosen bei einem Menschen erst im Lauf seines Lebens ausbilden. Verschiedene Untersuchungen zeigen, daß zwischen 25 und 40 Prozent der Bevölkerung mehr oder weniger ausgeprägt an Neurosen leiden. Normalerweise orientiert sich unser Denken und Handeln an dem, was wir als unsere eigene Wirklichkeit betrachten. Diese ist jedoch nicht objektiv feststellbar, sondern setzt sich aus unserer individuellen Entwicklung und der Auseinandersetzung mit dieser Welt zusammen. Dabei können sich jederzeit Fehler in die Betrachtungs- und Handlungsweisen einschleichen, die uns wirklichkeitsfremd handeln lassen. Ausgelöst wird dies häufig durch persönliche Deformationen wie Kränkungen, Verluste und Versagen. Es entstehen dann Verhaltensweisen, die nicht sinnvoll an die Realität angepaßt erscheinen. Jeder von uns kennt das Phänomen, sich über bestimmte Sachverhalte mehrfach zu vergewissern. Beispielsweise ist es stark verbreitet, beim Verlassen der Wohnung mehrmals zu kontrollieren, ob der Herd ausgeschaltet ist, das Gas abgedreht wurde und ähnliches. Das Durchführen dieser wichtigen Kontrollen an sich wird nicht als neurotische Handlung gewertet. Dieser kritische Punkt ist erst dann erreicht, wenn derartige Kontrollen zwanghaft und nicht mehr steuerbar sind. Das kann so weit gehen, daß ein Mensch das Haus nicht mehr verläßt, weil er ständig solche Kontrollen durchführt, und trotzdem das Gefühl nicht los wird, es sei etwas nicht in Ordnung.

Weitere Störungen dieser Art bestehen darin, daß man beispielsweise nicht über große Plätze gehen kann (Agoraphobie) oder Angst in engen Räumen entwickelt (Klaustrophobie). Auch zwanghafte Verhaltensweisen wie ständiges überzogenes Ordnunghalten oder sich mehrmals am Tag zu waschen (Waschzwang) weisen auf eine solche Störung hin. Eine Neurose kann sich so sehr steigern, daß sie das gesamte Denken und Handeln eines Menschen bestimmt.

Die Neurosen werden unterteilt in:
Zwangsneurosen (bestimmte Handlungen müssen immer wieder vorgenommen werden), *Aktualneurosen* (nicht angepaßtes Verhalten in einer starken Belastungssituation), *Angstneurosen* bzw. Phobien (beispielsweise extreme Spinnenangst, Höhenangst, Angst vor Feuer) und die *Hysterie*.

Spastische Lähmung

Schäden im Zentralnervensystem (Gehirn) bewirken unter Umständen, daß unwillkürlich Nervenimpulse an die Muskeln weitergeleitet werden, wodurch unkoordinierte Bewegungen entstehen. Diese lösen Dauerverkrampfungen oder Zittern, aber auch spontane, reflexhafte Bewegungen aus. Eine solche Dauerverkrampfung führt im schlimmsten Fall dazu, daß die Gliedmaßen ihre Funktionen nicht mehr ausüben können, da der Betroffene die Kontrolle darüber verliert. Man spricht dann von einer spastischen Lähmung, bei der jedoch das Empfinden in den betroffenen Gliedmaßen nicht beeinträchtigt wird. Bei dieser Behinderung sind die Einschränkungen von Mensch zu Mensch sehr verschieden, und es empfiehlt sich im Grunde schon, das Autogene Training auszuprobieren. Es können allerdings so starke Verkrampfungen während des Trainings auftreten, daß eine Fortführung nicht sinnvoll ist. In diesen Fällen sind andere Entspannungstechniken eher geeignet, beispielsweise

Phantasiereisen oder entspannende Massagen, die einzeln oder in einer Gruppe durchgeführt werden. In Fällen, in denen das Autogene Training trotz Spastik eine positive Wirkung zeigt, kann es zur Reduktion des allgemeinen Erregungsniveaus beitragen und die Häufigkeit und Intensität spastischer Krämpfe herabsetzen.

Hypochondrie

Menschen, die unter Hypochondrie leiden, die also ständig Angst davor haben, erkrankt zu sein oder zu erkranken, richten zuviel Aufmerksamkeit auf ihren Körper und ihr Wohlbefinden. Hypochondrie ist keine lästige Übertreibung, sondern eine ernstzunehmende Störung, die von den Betroffenen als sehr leidvoll erlebt wird. Diese gesteigerte Konzentration auf den eigenen Gesundheitszustand kann Wahrnehmungen, Irritationen und Störungen, wie sie beim Autogenen Training auftreten, verzerren. In Vorgesprächen sollten der Kursleiter und der Hypochonder herausfinden, inwieweit der Betroffene körperliche Erlebnisse, die während des Autogenen Trainings entstehen können, angstfrei erleben kann. Es besteht die Gefahr, daß die Empfindungen bei den Übungen von ihm als abnorm bewertet werden. Die Hypochondrie ist kein genereller Ausschlußgrund für das Autogene Training, jedoch muß man vorab klären – auch durch ein Ausprobieren –, ob der Hypochonder die Entspannung erleben kann oder ob die Erlebnisse aus dem Training ihn verunsichern.

Aktuelle, sehr schwere Krise

Wer sich in einer tiefen Krise befindet, ausgelöst beispielsweise durch eine schwere körperliche Krankheit, eine ausgeprägte Depression oder nach einem sehr schmerzlichen Verlusterlebnis, ist kaum in der Lage, das Autogene Training zu erlernen. In einer Krisenzeit ist von einem Übungsbeginn abzuraten, weil sich bei Ungeübten in der Entspannung zudem die Vorstellung des krisenhaften Ereignisses verschlimmern kann.

Dies gilt nicht für diejenigen, die das Autogene Training bereits vor einer solch schweren Zeit erlernten und es vielleicht seit Jahren erfolgreich anwenden. Sie können diese Technik dazu nutzen, die Krise mit all ihren Auswirkungen besser zu bewältigen oder zu ertragen.

IX. Andere Entspannungsverfahren

Neben dem Autogenen Training gibt es viele weitere Verfahren zur Entspannung. Jeder Kulturkreis auf der Welt entwickelte seine eigenen Formen, die sich aber in der Wirkungsweise ähnlich sind. Ob es sich um die Zen-Meditation, das Autogene Training, Yoga, Progressive Muskelentspannung oder konzentriertes Hören von klassischer Musik handelt, immer findet eine Fokussierung statt. Wie bereits erläutert, bedeutet dies, daß die Aufmerksamkeit gezielt auf etwas gerichtet wird. Bei der Zen-Meditation beispielsweise kann dies eine angestrebte Leere der Gedanken oder der Atemfluß sein. In der Progressiven Muskelentspannung ist die Konzentration auf den spürbaren Wechsel von Anspannung und Entspannung das Wesentliche. Yoga stellt den Atem und bestimmte Körperübungen in den Mittelpunkt der Aufmerksamkeit. Im Autogenen Training richtet man das Augenmerk auf die Formeln und ihre Wirkungen.

Diese Verfahren unterscheiden sich lediglich durch einige wenige Kennzeichen. Diese bestehen im wesentlichen darin, ob sich erstens der Übende selbst in Entspannung versetzt oder ob dies durch einen Anleiter geschieht, zweitens die Übungen aktiv oder passiv ausgeführt werden und drittens, ob die Wirkung primär die Psyche oder den Körper betrifft.

Die bei uns bekannten Entspannungsverfahren und ihre Hauptmerkmale sind nachfolgend in einer Tabelle nebeneinandergestellt. Sie ermöglicht einen raschen Überblick über die Techniken und ihre Wirkungen.

Entspannungsverfahren	Art der Entspannungsinstruktion Suggestivität		Aktivität der Person		Entspannungsreaktion	
	selbst-instruktiv	fremd-suggestiv	aktiv	passiv	körper-lich	psy-chisch
Autogenes Training	++	–	–	+	++	–
Hypnose	–	++	–	+	+	+
Progressive Muskelentspannung	+	+	+	–	++	–
Meditation	++	–	–	+	+	+
Biofeedback	–	–	+	–	++	–
Phantasiegeschichten für Kinder	–	++	+	+	++	+
Yoga Atempraktiken	+	–	+	–	+	–
Funktionelle Entspannung	+	–	+	–	+	–

Es bedeutet:
+ vorhanden, ++ deutlich ausgeprägt, – fehlt oder nur schwach ausgeprägt

Einige der Techniken werden nun genauer erläutert. Die Beschreibung der Hypnose wurde bereits in Kapitel III vorgenommen, da sie einige Grundlagen des Autogenen Trainings beinhaltet.

1. Progressive Muskelentspannung

Die Progressive Muskelentspannung wurde von dem amerikanischen Arzt und Wissenschaftler Edmund Jacobson entwickelt und im Jahr 1938 veröffentlicht, nachdem er 30 Jahre lang an der Harvarduniversität auf dem Gebiet der muskulären Spannung und Entspannung geforscht hatte. Zum Vergleich: Sechs Jahre zuvor hatte J. H. Schultz das Autogene Training bereits in der Öffentlichkeit vorgestellt.

Jacobsons neue Methode – auch Progressive Relaxation – genannt, bedeutet übersetzt fortschreitende Muskelentspannung. Diese Bezeichnung weist bereits auf das schrittweise Vorgehen hin, das diese Technik charakterisiert. Seine Grundlagen fand Jacobson durch Forschungen, die sich auf den engen Zusammenhang zwischen muskulärer Verspannung und psychischer Anspannung bezogen. Diese beiden Erscheinungen treten gemeinsam auf, die psychische Anspannung überträgt sich auch auf die Muskeln. Umgekehrt beobachtete Jacobson, daß ein emotional nicht belasteter Mensch auch eine entspannte Muskulatur aufwies. Er entwickelte ein Verfahren, mit dem über den Körper Einfluß auf die Psyche genommen werden kann. Während einer Muskelentspannung beruhigt sich auch die psychische Anspannung.

Jacobsons Methode macht sich nicht die Suggestion und die Vorstellungskraft des Menschen zunutze, sondern sie besteht aus Körperübungen, bei denen die Konzentration auf deutlich spürbare Skelettmuskeln gerichtet wird. Dabei werden Muskelgruppen, beispielsweise die gesamte Handmuskulatur, angespannt und nach einigen Sekunden wieder entspannt.

Spezielle Nervenrezeptoren in den Muskeln melden dem Gehirn diese Vorgänge, wodurch die körperliche Spannungen nach dem bewußten Loslassen nachläßt. Da eine muskuläre Entspannung nicht gleichzeitig mit psychischer Anspannung bestehen kann, ist diese Methode vor allem empfehlenswert, wenn eine gesteigerte Grundspannung von Körper und Psyche vorhanden ist. Durch die Ausführung dieser Übungen mit einer Ausrichtung auf größere Muskelgruppen (z. B. der Schulterpartie oder des ganzen Gesichts gleichzeitig), kann sehr schnell eine Entspannung des gesamten Organismus erreicht werden. Schritt für Schritt werden alle Bereiche des Körpers in die Übungen eingebunden.

Die Übertragung der Entspannung vom Körper auf die Psyche ist nur möglich, weil beide Bereiche des Menschen in einem ständigen Austausch miteinander stehen. Sie bilden einen psychosomatischen Regelkreis.

In einem kurzen Selbstversuch können Sie sich von der Wirkung dieser Technik überzeugen.

Experiment zur Progressiven Muskelentspannung

- Setzen Sie sich bequem und mit dem Rücken angelehnt auf einen Stuhl, und beginnen Sie die Finger Ihrer Gebrauchshand langsam zu bewegen.
- Probieren Sie verschiedene Bewegungsmöglichkeiten für ein bis zwei Minuten aus, und konzentrieren Sie sich auf deren Ausführung.
- Formen Sie dann die Hand zu einer Faust, und steigern Sie langsam den Druck. Erhöhen Sie ihn immer mehr, und halten Sie den Druck der Faust für etwa eine halbe Minute, ohne dabei zu verkrampfen.
- Achten Sie darauf, nur die Hand anzuspannen, ohne die Kraftanstrengung dabei zu übertreiben. Der übrige Körper bleibt in entspannter Haltung.

- Zählen Sie nun bis fünf. Bei fünf angelangt, beenden Sie die Anspannung, indem Sie sich innerlich oder laut vorsagen: »entspannen!«.
- Legen Sie nun die Hand in den Schoß, und beobachten Sie die Gefühle der Entspannung, die in ihr entstehen. Möglicherweise fühlt sich Ihre Hand schon jetzt warm und schwer an. Es können aber auch andere Reaktionen auftreten, wie sie beim Autogenen Training bereits beschrieben wurden.
- Anschließend verfahren Sie in der gleichen Weise mit der anderen Hand. Die bereits entspannte Hand bleibt dabei auf dem Oberschenkel liegen.

Mit dieser Entspannungsübung für die Handmuskulatur haben Sie bereits das Prinzip der Progressiven Muskelentspannung kennengelernt.

Der komplette Ablauf des Trainings besteht aus 40 Übungen, bei denen einzelne Muskeln angespannt und anschließend entspannt werden, mit zunehmender Erfahrung können auch Muskelgruppen zusammengefaßt werden. Daraus haben sich Lang- und Kurzfassungen der Progressiven Muskelentspannung entwickelt, die jeweils unterschiedlich viele Muskelgruppen umfassen. Im Regelfall beginnt man mit den Händen und Armen, dann folgt der Kopf, das Gesicht und die Schulterpartie, anschließend der Rumpf und zuletzt die Beine. Die mit dieser Technik erreichte Entspannung kann durch Ruhebilder vertieft werden. Vorzüglich eignet sich die Progressive Muskelentspannung als Einstieg zum Autogenen Training.

Tip

Wenn es Ihnen schwerfällt, beim Autogenen Training die Gefühle von Schwere und Wärme in den Armen zu erzeugen, so führen Sie die oben beschriebenen Übung aus der Progressiven Muskelentspannung nach der ersten Ruhetönung aus. Dabei werden in der Regel die gewünschten Entspannungsgefühle wie Schwere oder Wärme deutlich wahrnehmbar. Nehmen Sie diese Empfindungen auf, und versuchen Sie sich vorzustellen, wie sie sich auf andere Körperpartien ausbreiten. Führen Sie die Entspannungssitzung mit den Grundübungen des Autogenen Trainings weiter.

2. Meditative, imaginative Verfahren

Grundsätzlich unterscheidet man zwei verschiedene Formen der Meditation, die konzentrative und die rezeptive. Bei der konzentrativen Methode richtet sich die Aufmerksamkeit auf einen Meditationsgegenstand (Fokussierung). Dieser kann frei gewählt werden, es eignen sich der eigene Atem, aber auch Bilder (Mandalas), Mantras, Töne und vieles mehr. Die Form der rezeptiven Meditation stellt die Wahrnehmungen, das Erleben des eigenen Seins in den Vordergrund.

Eine enge Verwandtschaft besteht zwischen meditativen Methoden und dem Autogenen Training. Die passive innere Haltung und die autosuggestive Vorgehensweise sind beiden Techniken eigen wie auch das Erreichen tiefer Entspannungszustände. Allerdings sind Meditationsformen im Gegensatz zum Autogenen Training häufig weltanschaulich oder religiös geprägt.

3. Biofeedback

Durch gezieltes Üben, Ausprobieren und Kontrollieren von Körperfunktionen ist es möglich, auf ansonsten nicht steuerbare Prozesse Einfluß zu nehmen. Beispielsweise kann man trainieren, den Blutdruck zu senken oder den Puls zu verlangsamen. Mit Hilfe von Meßgeräten werden dann diese Veränderungen kontrolliert, die Werte für Hautleitwiderstand, Puls oder Blutdruck ständig beobachtet. Der Übende wird mit diesem Meßgerät verbunden und erhält Rückmeldungen (Feedback) in Form eines Piepsens oder Summens. Dies zeigt ihm an, daß ein bestimmter zuvor festgelegter Wert über- oder unterschritten wird. Zunächst soll der Übende auf diese Weise lernen, durch Vorstellung der Entspannung die für diesen Zustand typischen Werte zu erreichen. Im zweiten Schritt besteht die Aufgabe darin, daß der Übende diese Werte auch ohne Feedback beeinflussen und kontrollieren kann.

X. Anhang

Vordruck: Übungsprotokoll

______ Woche

Das Übungsprotokoll

Datum, Uhrzeit	Durchgeführte Übungen (stichwortartig)	Übungs-zeit	Erlebnisse, Empfindungen, Irritationen

Adressenverzeichnis

Bei den folgenden Adressen können Sie weitere Informationen anfordern. Einige Institute verfügen über Listen mit Anleitern des Autogenen Trainings und Terminpläne mit aktuellen Kursen.

Psychologischer Arbeitskreis für
Autogenes Training & Progressive Relaxation
Fachgruppe der Sektion klinische Psychologie im Berufsverband
Deutscher Psychologen (BDP)
Koogstraße 96
25541 Brunsbüttel

Deutsche Gesellschaft für ärztliche Hypnose
und Autogenes Training
Kirchbergstraße 4
52076 Aachen

Milton Erickson Institut
Konradstr. 16
80801 München

Weiterführende Literatur

Brenner, Helmut: Autogenes Training. München 1992.

Burkhard, Peter/Gerl, Wilhelm: Entspannung. München 1988. (Im Handel vergriffen. Erhältlich bei: Milton Erickson Institut, Konradstr. 16, 80801 München).

Faller, Rolf: Autogenes Training. Niedernhausen/Ts. 1995.

Franke, Klaus: So lernt man Autogenes Training. Stuttgart 1990.

Haring, Claus: Lehrbuch des Autogenen Trainings. Stuttgart 1993.

Hoffmann, Bernt: Handbuch Autogenes Training. München 1997.

Krampen, Günter: Einführungskurse zum Autogenen Training. Stuttgart 1992.

Krug, Jürgen: Das Autogene Training. München 1991.

Langen, Dietrich: Autogenes Training. München 1994.

Ohm, Dietmar: Progressive Relaxation. Einführung und Übungen. Stuttgart 1992.

Schultz, Johannes H.: Das Autogene Training. Stuttgart 1991.

Autogenes Training mit Kindern

Petermann, Ulrike/Petermann, Franz: Entspannungstechniken für Kinder und Jugendliche. Weinheim 1996.

Vollmar, Klausbernd: Autogenes Training mit Kindern. München 1994.

Walter, Dagmar C.: Autogenes Training für Kinder. München 1998.

Entspannungskassetten für Kinder

Petermann, Ulrike: Die Kapitän-Nemo-Geschichten. Teil 1 und 2. 1993. Tonkassetten beziehbar über ELVIKOM (Kronprinzenstr. 13, 45128 Essen, Tel: 02 01-8 13 00)

Progressive Muskelentspannung

Ohm, Dietmar: Progressive Relaxation. Stuttgart 1997.

Abbildungsverzeichnis

Das Nervensystem 14
Das menschliche Gehirn 17
Die verschiedenen Streßtypen 19
Dreitakt der Alarmreaktion 25
Die Summierung und der Abbau von Streßreizen 27
Ideale Balance zwischen Spannung und Entspannung 30
Die Bewußtseinszustände während des Autogenen Trainings 69
Auswirkungen des Autogenen Trainings auf den Körper 77
Betawellen 81
Alphawellen 81
Thetawellen 82
Deltawellen 82
Bestandteile des Autogenen Trainings 93
Die Körperhaltung beim Autogenen Training 97
Die Unterstufe des Autogenen Trainings 104
Die Abnahme der Atemfrequenz beim Autogenen Training 111

Stichwortregister

Abbrecher 153
Abreaktion 44, 46
Abwehrmechanismen 136, 143, 154
Adaptationskrankheiten 26
Adaptationssyndrom 25
Adrenalin 26
Adrenalinsekretion 16
Affekte, Resonanzdämpfung der 84
Affekte, überstarke 90
Aggressionen 19, 21, 104, 136, 143, 145, 154
Agoraphobie 164f.
Aktualneurose 165
Akutbehandlung 90
Alarmphase 25f.
Alkohol 42
Alkoholmißbrauch 36, 85
Alltagsbelastungen 30f., 33
Alphawellen 80ff.
Anästhesien 156f.
Anerkennung, externe 20
Anerkennung, innere 21
Anfänger 103, 105
Angriff (als Verhalten) 22f., 35
Angst 27, 36, 48, 50, 60, 63, 68, 75, 81, 104, 154, 166
Angst, entspannungsinduzierte 160f.
Angstkrankheiten 89
Ängstlichkeit 84
Angstneurose 165
Angststörungen 40
Anpassung 23, 26
Anpassungsfähigkeit 20
Anpassungsleistung 51, 50, 54f.
Anpassungsleistungspunkte 54
Anspannung 30, 64, 101, 146, 152
Anspannung, psychische 170
Antagonisten 15
Antibiotika 87
Aorta 113
Arbeitsplatz 36
Arbeitszeiten 52
Armlevitation 157
Armut 23
Arterenol 26
Arzneimittelforschung 75
Asklepios 56
Aspekte, therapeutische 88
Asthma 19

Asthmatherapie 90
Asthmatiker 112
Atemeinstellung 93, 104, 131
Atemformeln 110ff.
Atemfrequenz 12, 72, 75, 79, 110f.
Atempraktiken 170
Atemrhythmus 127
Atemübung 110
Atmung 59, 76f., 79, 110, 168
Aufbaufunktionen (trophotrop) 64
Aufbaustufe 65
Aufmerksamkeit 71, 101
Aussagesätze 98, 102
Autohypnose 58
Autonomie 105, 116
Autopsychoanalyse 135
Autopsychokatharsis 135
Autosuggestion 58, 66f.

Balance, vegetative 62
siehe auch Gleichgewicht, vegetatives
Basteln 61
Bauchatmung 110
Bauchraum 59, 113
Bauchübung 113
Beeinflussung 66
Begleiterscheinungen 151
Begriffe, abstrakte 93
Behandlungserfolge 89
Belastbarkeit 86
Belastungen, allgemein 13, 29, 31, 43, 49
Belastungen, andauernde 28
Belastungen, psychische 35f.
Benommenheit 120, 152
Bernheim, Hyppolite 58
Beruf 36
Berufswechsel 62
Beschwerden, psychosomatische 68, 88
Betawellen 81
Bettnässen 145
Bevölkerungsdichte 23
Bewegungen, bewußte 15
Bewegungen, körperliche 15, 29, 33–35, 42, 46, 72
Bewegungsarmut 24
Bewegungsfähigkeit 34
Bewegungsmangel 33
Bewußtsein 68, 136
Bewußtseinsebenen 136
Bewußtseinsschwelle 143
Bewußtseinsstörungen 68
Bewußtseinszustände 69
Biochemische Abläufe 76f., 80
Biofeedback 170, 174
Biologie 13
Blasenleiden 19
Blutdruck 16, 24, 76–79, 174
Blutdruck, hoher 19f., 67, 89
Blutdruck, niedriger 19
Bluteindickung 26
Blutfette 80

Blutfettwerte 20
Blutgefäße 16, 108f.
Blutgerinnungsfähigkeit 24
Blutgerinnungszeit 20
Blutzucker 19, 26
Borderline-Syndrom 160, 163
Bronchien 16
Brustatmung 110
Bruxismus 27

Carpenter, W. H. 72
Carpenter-Effekt 71f.
Cholesterin 80
Cornell Medical Center New York 50
Cortisol 80

Darlehen 52
Darm 16, 79
Darmkrankheiten 18f.
Darmmotilität 79
Darmmuskulatur 16
Dauerstreß 24, 27
Deautomatisierung 32f., 48
Deltawellen 80, 82
Demütigungen 29
Denkblockade 19
Denkmuster 31
Depressionen 19, 36, 40, 84, 166
Deutsch, F. 57
Disstreß 13, 18, 24f., 28f.
Dreitakt (der Alarmreaktion) 25
Drogenabhängigkeit 85
Droschkenkutscherhaltung 95, 97
Druck, psychischer 13
Durchblutung 16, 76ff., 108f.
Durst 136
Dystonie, vegetative 63

Eigenformel 116
Einsamkeit 29, 40–42
Einschlafen 76, 158
Einschlafhilfe 96, 107, 119, 159
Einschlafphase 156
Einstellungsänderung 44, 48
Einzeltraining 62
Elektroenzephalogramm (EEG) 80ff.
Eltern 67
Emotionen 13
Empfindungen 98, 121
Empfindungen, somatische 155–159
Empfindungen, subtile 71
Energiebereitstellung (ergothroph) 64
Energieentladung 15
Energiespeicherung 15
Engagement, berufliches 21
Entladungen, autogene 152
Entspannung 28, 30, 58, 64f., 68f., 82f., 95, 100f., 105ff., 112, 119ff., 128, 137, 146, 152f., 156ff., 174

Entspannung, funktionelle 170
Entspannung, körperliche 66, 77, 84
Entspannung, kurzfristige 44
Entspannung, langfristige 44
Entspannung, psychische 66, 84
Entspannung, spontane 44
Entspannung, Störung 152
Entspannungsmethode 41, 53, 59, 88
Entspannungsreaktion 169
Entspannungsspiele 60, 145, 147
Entspannungstechniken 22, 40, 47, 56, 60, 78, 82, 97, 145f., 165
Entspannungstraining 44
Entspannungsübungen (mit Kindern) 29, 148f.
Entspannungsverfahren 61
Entspannungsverfahren, andere 168–174
Entwicklung, genetische 23
Epiktet, Philosoph 31, 48
Epilepsie 152
Erholung 38, 64, 66, 84
Erholungsfunktion 64
Erholungsphasen 26
Erholungsprozesse 15
Erickson, Milton 68
Erinnerungsleistung 86
Erinnerungsschmerzen 158
Erkrankungsrisiko 53
Erlebnisbilder 148
Erlernen (des Autogenen Trainings) 94f.
Erregungsniveau 27
Erregungszustand 27
Erröten 88, 90
Ersatzhandlungen 143
Erschöpfung 26f., 30f., 63
Erschöpfung, vegetative 90
Erschöpfungsphase 25f.
Erschöpfungssyndrom, vegetatives 63
Erwartungen 152f.
Erwartungshaltung 146
»Es« 136
Essen, ungesundes 42
Eßstörungen 88
Eustreß 13, 24f., 28f., 49
Extremitäten 78, 108

Fähigkeiten, eigene 86
Farben 93
Fehlleistungen 143
Fehlregulationen, psychosomatische 84f.
Feldenkrais, Moshé 33
Feldenkraistechnik 33
Ferien 52
Fertigkeiten 44, 49
Finanzierung 61
Flucht (als Verhalten) 22f., 35
Fokussierung 71
Formel, intensionale 131

Formeln, autogene 102
Formeln, organspezifische 93, 103 f., 114 f.
Formeln, physiologisch-rationale 66
Formeln, spezielle 66, 93, 104 siehe auch Modifikation, autogene
Fortgeschrittene 103
Freizeitstreß 38
Freud, Sigmund 57 f., 136, 154
Friedman, M. 20
Frustrationen 13
Funktionen, biochemische 90

Gebrauchsarm 124
Gebrauchshand 107
Geburtshilfe 90
Gedankenabreißen 162
Gefängnisstrafe 51
Gefäßentspannung 109
Gefäßverengungen 80
Gefühle 67 f., 84, 93
Gefühle, Dämpfung 84
Gegenanzeigen 60, 151
Gehirn 12, 17, 78, 81 f., 107, 165, 170
Gehirnaktivität 81
Gehirnfunktion 76 f.
Genitalien 16
Genußgifte 42
Gesundheitsgefährdung 31
Gesundheitsgefahren 145
Gesundheitsvorsorge 61
Gesundheitswesen 62
Gesundheitszustand 51, 166
Gleichgewicht, körperliches 37
Gleichgewicht, seelisches 37
Gleichgewicht, vegetatives 62 f., 90
Großhirn 17
Grundstufe 65, 83
Grundübungen 59, 93, 95, 101, 103 f., 106, 124, 126–129, 131, 145
Gruppendruck 23
Gruppentherapie 137
Gruppenübung 98 f.

Halluzinationen 84, 143, 161 f.
Haltung, äußere 95
Haltung, innere 96
Hautleitwiderstand 12, 76 ff., 174
Heilschlaf 56
Heirat 51
Helicobacter pylori 87
Herz 16, 59
Herzformel 131
Herzfrequenz 12, 22
Herzfunktion 76 ff.
Herzinfarkt 19, 21, 112
Herzinfarktrisiko 20, 80
Herzjagen 88 f.
Herzklopfen 27, 88 f., 151 f.

Herzkrankheiten 18, 20
Herzregulierung 93, 104, 131
Herzrhythmus 115
Herzschlag 15f., 63, 112
Herzschlagfrequenz 26, 79
Herzstiche 27
Herzstolpern 88f.
Herzübung 112
Heterosuggestion 58, 67
Hippokrates 57
Hirnströme 12
Holmes, amerikanischer Forscher 50f.
Hören, konzentriertes 168
Hormone 12
Hormonproduktion 63
Hormonregulation 19
Hormonsystem 12
Hunger 136
Hustenreiz 151
Hypertonie 78
Hypnose 57f., 65, 67ff., 91, 169
Hypnosetherapie 68, 91, 147
Hypochondrie 160, 166
Hypothalamus 12, 16f.
Hysterie 165

»Ich« 136
Imaginationsfähigkeit 86
Immunabwehr 19
Immunsystem 24, 34f.
Infektionsrisiko 34
Innenschau 93
Irritationen, psychische 153
Isolation 40

Jacobson, Edmund 40, 170
Juckreiz 151f.
Jugendliche 59

Kapillaren 108
Kapitän-Nemo-Geschichten 148ff.
Kassenärztliche Bundesvereinigung 62
Kinder 59f., 145–150
Kindheit 29
Klanggestalt 117f.
Klaustrophobie 165
Kleinhirn 17
Kohlendioxidgehalt 79
Kommunikation 36
Kommunikationsprobleme 37
Kontakte 44
Kontraindikationen 60, 99, 159–167
Konzentration 12, 65, 70, 96, 105, 107, 115, 126
Konzentrationsfähigkeit 86
Konzentrationsschwierigkeiten 21, 27
Konzentrationsstörungen 90
Kopfschmerzen 27, 36, 74, 114, 117
Körper 16, 50, 58, 85

Körperfunktionen 67
Körperhaltung 95, 97
Körpertemperatur 26, 75 f., 78
Kosten
(des Autogenen Trainings)
61 f.
Kraftreserven 26
Krankenkassen 61 f.
Krankheit 51, 56
Kreislauf 34, 73
Kreislaufkrankheiten 18
Krisen, schwere 160, 166 f.
Krisenzeit 101
Kritik 20
Kündigung 51

Lähmung, spastische 165
Langzeitreaktionen 25
Lärm 13, 71
Lebensereignis-Fragebogen
50–53
Lebensweise 42 f.
Leibübung 93, 104, 131 f.
Leidensdruck 115
Leistungsbereitschaft 64
Leistungsdruck 23
Leistungsfähigkeit 86
Leistungsstörungen 90
Lernstörungen 90
Lesen 61
Lessing-Hochschule Berlin 58
Leugnung 136, 143
Leukopenie 26
Leukozyten 26
Libido 136
Limbisches System 12, 17
Live-Change-Events (LCE) 50

Magen 16, 78, 80
Magen-Darm-Bereich 76 f., 79
Magengeschwüre 87
Magenkrankheiten 18
Mandala 173
Mantra 173
Märchen 145
Massagen, entspannende 166
Medikamentenabhängigkeit 85
Medikamentenmißbrauch 36
Meditation 135, 170
Meditation, autogene 93 f.
Meditation, konzentrative 173
Meditation, rezeptive 173
Meditationsmusik 105 f., 120 f.
Migräne 85, 88
Mißbrauch 145
Mißerfolg 153
Mittelhirn 17
Mobbing 36
Modifikation, autogene 66,
103 f., 114
Montessori, Maria 57
Motivation 121
Müdigkeit 63
Müdigkeit, chronische 27
Mundtrockenheit 27, 151
Musik 105, 146

Musizieren 61
Muskelaktionsspannung 76
Muskelentspannung 109
Muskelentspannung, Progressive 40, 60, 168–173
Muskeln 24, 107 f., 170
Muskelspannung 26
Muskeltonus 26
Muskelzuckungen 76, 152, 156, 158
Myoklonien 76, 156

Nährstoffe 24
Nahrung 143
Nebennieren 16, 19
Nebennierenrinde 16, 34, 63, 80
Nervenfasern 14
Nervensystem 12, 14
Nervensystem, autonomes 15
Nervensystem, parasympathisches 15, 18
Nervensystem, peripheres 14
Nervensystem, sympathische 15, 18
Nervensystem, unwillkürliches 15
Nervensystem, vegetatives 12, 15, 64, 110
Nervensystem, willkürliches 15
Nervensystem, zentrales (ZNS) 12, 14
Nervosität 63, 88, 90
Nervus vagus 18
Neuordnungsgesetz, 1. zur gesetzlichen Krankenversicherung (1. NOG) 61
Neuorientierung 52
Neuromuskuläre Vorgänge 76
Neurose 163 ff.
Nieren 19
Nikotin 42

Oberstufe 59, 65, 75, 83, 86, 93 f., 100, 134 f., 137, 143 f., 154 siehe auch Aufbaustufe
Oberstufe, Übungen 138
Objekte, konkrete 93
Ödeme 26
Organschmerzen 103
Organübungen 59, 93, 95, 103 f., 110, 130 f.

Parasympathikus 15 f., 63 f., 109
Parasympathikusreiz 16
Pawlow, Iwan 57
Pendelversuch 70
Pensionierung 51
Persönlichkeitsentwicklung 90, 142
Persönlichkeitsstruktur 29
Pessimismus 31
Petermann, Ulrike 148
Phantasie 86, 146
Phantasiegeschichten 170

Phantasiereisen 60, 145, 147, 166
Phobien 89
Placebo 74f.
Placebo-Effekt 74f.
Plexus solaris 80, 113
Postulate 102
Problembewältigung 29
Problemlösungen 44, 47
Progressive Relaxation 170
Projektion 136
Protokollvorlage 122
Prüfungsangst 23
Psyche 12, 16, 24, 58, 67, 75, 83ff., 134, 136, 154, 168, 170f.
Psychoanalyse 57, 66, 135f., 143
Psychologie 48, 90, 121
Psychoneuro-Immunologie 34
Psychopharmakatherapie 75
Psychose 161 ff.
Psychose, akute 160f.
Psychosomatik 57, 87
psychosomatische Medizin 57
Psychotherapie 68, 83
Psychotherapie, Katathym-Imaginative 147
Puls 22, 79, 109, 174
Pupillen 12, 16

Rahe (amerikanischer Forscher) 50f.
Rationalisiertes Autosuggestives Training 59
Reaktionen, gegenteilige 157
Reaktionen, körperliche 13, 73, 76
Reaktionen, psychische 83
Reflexe 15
Reflexhandlungen 16
Reframing 48
Regeneration 15, 21
Regression 136, 143
Regulativ 84
Regulierungsmechanismen, heilende 63
Resonanz, affektive 66
Rheumabehandlung 90
Risiken 99
Rosenman, R. H. 20
Rücknahme (für Kinder) 150
Rücknahme 96, 119f., 128, 130f., 133, 156f.
Rückzug nach innen 41
Ruhe 59, 64, 66
Ruhelosigkeit 20f.
Ruhepausen 13, 26, 34
Ruhetönung 93, 101, 104, 106f., 124, 126f., 129–133, 173
Ruhezustand 84

Sauerstoff 24
Scheidung 51
Schilddrüse 16, 63

Schizophrenie 162
Schlaf 42, 52, 81 f., 135
Schlafmangel 29
Schlafstörungen 36, 39 f., 63, 88 f., 145
Schmerz 13, 74, 85, 88 f., 152
Schmerzbehandlung 68
Schmerzempfinden 67
Schmerztherapie 75, 82, 84 f.
Schule/Ausbildung 52
Schulter-Nacken-Bereich 115
Schultz, Prof. Dr. Dr. Johannes Heinrich 57 ff., 65 f., 68, 71, 86, 98 f., 101 f., 197, 114, 116, 121, 134, 137, 145, 152, 170
Schulzeit 52
Schwangerschaft 52
Schwebegefühle 156
Schweißausbrüche 63, 152
Schwere 59, 67, 71, 73, 157, 172 f.
Schwereübung 93, 104, 107 ff., 124, 127 ff., 132
Schwierigkeiten, sexuelle 30
Schwierigkeitsgrad 137
Schwindel 63, 120, 152
Schwindelanfälle 27
Schwindelzustände 19
Schwitzen 72, 151
Seele 49 f.
Selbstbeeinflussung 66
Selbstbehauptung 136
Selbstbestimmung 90
Selbstentspannung, konzentrative 65
Selbsterkenntnis 84, 85, 90, 135, 137
Selbstgespräche, positive 44 f.
Selbstheilungskräfte 75
Selbsthypnose 58
Selbstinstruktion 116
Selbstkontrolle 90
Selbstkritik 21
Selbstmord 36
Selbstwertgefühl 21, 42
self-fulfilling-prophecy 73 f.
Selye, Hans 13, 25
Sexualität 35, 52, 136, 143
Sexualität, Störungen der 85, 88, 90
Sexualtrieb 16
Sitzhaltung, passive 95, 97
Solarplexus 113
Soma (griechisch: Körper) 87
Somatisierung 71
Sonnengeflecht 80, 113
Sonnengeflechtsübung 113, 131 f.
Sorgen 48
Sozialgesetzbuch (SGB) 61
Spannung 30
Spannung, geistige 12
Spannung, körperliche 12
Spannungsgefühle 152
Spannungszustände 36

Spaziergänge 61
Speiseröhre 76
Sport 24, 46, 61
Sprachrhythmus 117
Standardformeln 93, 103 f., 106, 115
Startprogramm 124 ff., 129 f.
Steiner, Rudolf 33
Steuerung, hormonelle 90
Stirnkühleübung 93, 96, 104, 113, 131, 133
Stirnmuskulatur 76
Stoffwechsel 12, 80
Stoffwechselprozesse 15
Störungen, Arten der 151 ff.
Störungen, körperliche 89, 151
Störungen, neurotische 90
Störungen, psychische 89, 147
Störungen, seelische 151 ff.
Straßenverkehr 120 f.
Streß 12 f., 20, 22, 31, 38–40, 87
Streß, Definition 13
Streß, negativer 24 f.
Streß, positiver 24 f.
Streßantworten 22 f.
Streßauslöser 26
Streßbelastung 53
Streßbewältigung 33
Streßbewältigung, kurzfristige 43 f.
Streßbewältigung, langfristige 43 f., 46
Streßbewältigungsstrategien 21, 43–50
Streßfaktor 40
Streßforschung 25
Streßgefährdung 21
Streßhormone 26, 46
Stressoren 13, 18, 23 f., 28, 30
Streßquelle 37, 42
Streßreaktionen 13, 16, 26, 35
Streßreaktionen, organische 20
Streßreize 26 f.
Streßsituationen 12, 18, 23, 28, 41, 43, 79
Streßtypen 18 f., 21
Streßursachen 28
Sublimierung 143
Suchterkrankungen 90
Suggestibilität 59, 67
Suggestion 66, 170
Sympathikotoniker 18 f.
Sympathikus 15 f., 63 f.
Sympathikusreiz 16
System, antagonistisches 15

Tachykardie 26
Tagträume 68, 146
Taubheitsgefühle 156 f.
Thalamus 17
Thetawellen 81 f.
Tics 158
Tiefenpsychologie 94
Tiefschlaf 79 f., 82, 110

Tod des Ehe-/Lebenspartners 29, 51
Trägheit 162
Trainer 100, 105, 121, 134f., 144
Training, Einstieg 101
Trainingsablauf 100
Trainingsdauer 100
Trainingshäufigkeit (für Kinder) 150
Trainingszeit 158
Trancezustand 69f.
Traum 134, 143
Traumdeutung 56, 135
Trennung (vom Partner) 51
Trennungen 30
Triebe 142f., 154
Triebwünsche 135
Triglizeridausschüttung 20
Triglyzeride 80
Typ-A 18
Typ-A-Verhalten 18, 20
Typ-B 18
Typ-B-Verhalten 18, 20

»Über-Ich« 136
Überanstrengung 34
Überforderung 29f., 146
Überreaktionen 157
Übung, abstrakte Begriff 138, 140
Übung, Berg-Übung 138, 140
Übung, eigene Person 138, 142
Übung, Frage an das Unbewußte 138, 141f.
Übung, Freie Farbe 138f.
Übung, freie Person 138, 141
Übung, gezielte Farbe 138f.
Übung, gezielte Person 138, 141
Übung, Meer-Übung 138, 140
Übung, Würfel, Kreis, Dreieck 138f.
Übung, Zitrone 138f.
Übungen, physiologisch-rationale 65
Übungsablauf 130f.
Übungsdauer 101, 125, 130
Übungsfortschritt 121
Übungshaltung 66, 125
Übungshaltung, liegende 95, 97
Übungshäufigkeit 100
Übungskonstanz 59
Übungsleiter 66, 99f., siehe auch Trainer
Übungsperson 65
Übungsprotokoll 121ff., 128, 131, 133, 175
Ulkus 87
Umschaltung 146
Umschaltung, organismische 64f., 101
Umschaltung, spezifische 134
Umzug 52
Unbewußte, das 135f., 142ff., 154
Unlust, sexuelle 19

Unruhe 151 f.
Unruhe, innere 63, 90
Unruhe, motorische 89
Unsicherheit 63, 152
Unterstufe 63, 65 f., 93 ff., 98, 100 ff., 194, 113, 127, 130 f., 134, 137, 145 siehe auch Grundstufe
Unterstufe, Übungen siehe Grundübungen
Urlaub 38 f.
Ursachen, psychosomatische 87

Vagotoniker 18 f.
Veranlagung, genetische 20
Verantwortung 52
Verdauung 15 f., 63 f., 79, 115
Verdauungsbeschwerden 27
Verdauungsstörungen 88 f.
Verdrängung 136, 143, 154
Verfahren, imaginative 146
Verhalten, menschliches 16
Verhaltensänderungen 90
Verhaltensstörung 68, 145
Verhaltenstherapie 90
Verletzung 51, 158
Verlusterlebnis 166
Vernachlässigung eigener Bedürfnisse 20
Versagensangst 23
Versenkung 71, 82, 119, 134
Versenkungstechniken 56
Verspannung, muskuläre 170
Verspannungen 88 f., 117
Verweigerungshaltung 145
Viagra 74
Vigilanzniveau 64
Vogt, Oskar 58
Vorbehalte 152
Vorbewußtsein 136
Vorsatzbildung 115 ff.
Vorsatzbildung, formelhafte 93, 103 ff.
Vorsatzbildung, intensionale formelhafte 115 f.

Wachbewußtsein 81
Wachheitsgrad 12
Wachzustand 69, 82, 135
Wahninhalte 143
Wahnvorstellungen 161
Wahnwahrnehmungen 162
Wahrnehmung 69, 71, 73
Wahrnehmungslenkung 44 f.
Wärme 59, 67, 172 f.
Wärmeempfinden 114
Wärmeformel 157
Wärmeübung 93, 104, 108 f., 124, 127 ff., 132
Weigerung 143
Weihnachten 52
Widerstandsphase 25 f.
Wiederversöhnung 51
Willen 68
Wirkung, ergotrope 15

Wirkung, leistungssteigernde 15
Wirkung, synergistische 15
Wirkung, trophotrope 15
Wirkung, zusammenführende 15
Wohlbefinden 12
Wolff, Dr. Harold G. 50
Wunschvorstellungen 35

Yoga 168f.

Zähneknirschen 27
Zeitmanagement 44, 47
Zeitnot 20
Zen-Meditation 168
Zentralnervensystem 12, 165
siehe auch Nervensystem, zentrales
Ziele 62–64
Ziellosigkeit 162
Zitronen-Experiment 73
Zittern 63, 88, 90, 151 f.
Zufriedenheitserlebnisse 44, 49
Zustände, hypnotische 65
Zustände, suggestive 65
Zwangsneurose 165
Zweitinfarkt 21
Zwischenhirn 17